団地と移民

課題最先端「空間」の闘い

安田浩一

JN030909

角川新書

まえがき――団地は「世界」そのものだった

下河辺淳と田中角栄

終戦直後から日本は未曾有《みぞう》の住宅難に見舞われた。戦災と戦後のベビーブーム、そして都市部への人口流入。これらによって、住宅環境は最悪ともいえる事態を招いていた。

終戦から一〇年が経過した一九五五年。旧建設省の推計によると、全国で約二七〇万戸の住宅が不足していたという。

国は住宅不足の解消と住環境向上というふたつの目標を掲げ、この年、日本住宅公団を設立する。

その前年、公共事業として四二万戸の住宅建設計画を立案したのは、経済審議庁（当時。後に経済企画庁を経て現在は内閣府）の役人だった下河辺淳《しもこうべあつし》である。下河辺は東大在学中に終戦を迎え、卒業後は戦災復興院に勤めた。その後、建設省を経て経済審議庁に移り、その後再び建設省に戻っている。下河辺が一貫して取り組んできたのは「復興」をテーマとした国土のグランドデザインだった（退官後は阪神《はんしん》・淡路《あわじ》大震災復興委員会委員長も務めた）。

下河辺は生前、読売新聞のインタビューで次のように答えている。

〈私は、一九五四年ごろ、四十二万戸の住宅建設計画を立案しました。核家族化が進み、新婚家庭が増えていたので、それに合わせた戸数が必要であるとか、新婚家庭の子供たちが大きくなれば、それに合わせた住宅も予定しなければいけない、といった議論を随分しました。

議論の相手は、大蔵省の長岡実《ながおかみのる》さん（のちに事務次官）でした。当時、大蔵省は四谷《よつや》の小学校を借りて事務をやっていたので、その小学校に出かけていったものです。

ちょうど、鳩山一郎《はとやまいちろう》さんが首相になり、住宅公団まで作って住宅対策に力を入れよう、という話につながっていきました。これにより、公営住宅、住宅金融公庫、住宅公団という三つを柱にした住宅政策の体系が出来上がりました〉（二〇〇三年一〇月二八日東京本社版）

公団設立にあたって、政界側の立役者として知られるのが、当時衆議院議員だった田中角栄《たなかかくえい》である。

田中は衆議院建設委員会に所属しており、公営住宅の必要性を繰り返し主張していた。同じ考えを持っていた下河辺に、田中が目を付ける。行きつけだった神楽坂《かぐらざか》の料亭に下河辺を呼び出した。「復興」なるテーマが二人を結びつけた。戦後という時間は土建屋上がりの政治家と東大出の官僚に対して、絶妙ともいえるマッチングを果たすのである。

〈田中さんは早くから公営住宅の大切さを熱心に主張していて、私は関心をもって彼を見ていました。当時の日本は、持ち家政策が基本ですからね。だれでも自分の家を持つことを理想として働くという社会に対して、田中さんが出てきて、「借家ということが大切で、それを税金で公的な住宅としてつくろう」と言い出したわけです。

それは無理はないんです。東京一極集中で、若者が東京にどんどん集まる時代が始まっていました。「先祖伝来の土地を離れて働くときは、持ち家政策ではないのではないか」と田中さんは言ったわけです。当時のマスコミは、「〝土建屋〟の田中が自分の稼ぎのために言っている」という理解でしたが、住宅を社会資本のようにとらえる彼の主張は、私には面白かったですね〉（同記事）

こうした出会いが、日本住宅公団設立の原動力となったのだ。

余談ではあるが、下河辺はその後、田中のブレーンとなり、一時期は『日本列島改造論』の筆者ではないかと噂されたこともあった（後に本人は否定）。有能な官吏であったことは間違いなく、田中に限らず歴代首相からの信任も厚かった。村山富市《むらやまとみいち》内閣では前述したように復興委員長に任命され、橋本龍太郎《はしもとりゅうたろう》内閣では、沖縄の米軍普天間《ふてんま》飛行場の返還問題をめぐって、沖縄県側との橋渡し役を務めた。

団地第一号

日本住宅公団設立の翌年、第一号の公団団地が誕生した。

堺《さかい》市（大阪府）の金岡《かなおか》団地だ。つまり、日本最古の公団団地ということになる。三〇棟全九〇〇戸。家賃は2Kが四〇五〇円、2DKが四八五〇円。入居倍率は三倍だった。入居者の多くは大阪市内へ通勤するサラリーマン家庭である。

団地はなにもかもが新しかった。銭湯通いが当たり前だった時代に、夢の「風呂《ふろ》付き住宅」である。しかも食卓と寝室が分かれていることも、庶民にとっては珍しかった。そのころは食事を終えたら座卓を片づけ、夜具を整えるのが当たり前だったのだ。団地の登場で〝食寝分離〟、あるいは夫婦と子どもは別々に寝る〝分離就寝〟という生活スタイルが一般化されていく。団地は「核家族」が生まれるきっかけをもつくった。

さらに設備も革命的だった。トイレは汲《く》み取り式から水洗に。台所もステンレス製の流し台に。憧《あこが》れの「洋風」が団地にはあった。

昭和30年代の部屋の実物大模型

JRの堺市駅。大阪駅から天王寺《てんのうじ》で乗り換えて、わずか三〇分という距離だ。ここからほんの一〇分も歩くと幾重にも重なった高層住宅が見えてくる。これが金岡団地——といっても、すでにその名称はない。建物の老朽化に伴い、一九九七年から順次、各棟の全面改築がおこなわれ、それに合わせて名称も「サンヴァリエ金岡」に変わった。その瀟洒《しょうしゃ》な雰囲気を持つ建物からは、「団地第一号」「日本初」といった文言は浮かび上がってこない。

どこかに「団地の歴史」を連想させる風景がないかと探してみれば、それは容易に見つけることができた。

芝生が広がる団地の中庭。そこには昭和三〇年代の部屋が実物大の模型で復元されていた。その名も「スターハウスメモリアル広場」。公団の一号団地を記念するものだ。スターハウスとは、そのころの団地の代表的な形状をいう。2DKの三戸が放射状に三方に広がる形が星に見えることが、その名の由来だ。五階建ての中心内側に階段があった。団地のシンボルといえる建物は各戸が独立し、日当たりと風通しを考えた設計だった。

広場ではその一室が忠実に再現されている。DK（ダイニングキッチン）に置かれた食卓。水洗トイレとガス釜《がま》の風呂。ひとつ扉の冷蔵庫や二層式の洗濯機。「昭和」の匂いが漂ってくる。

たまたま通りかかった高齢の女性に声をかけると、「懐かしい風景やねえ」と返ってきた。彼女はここに住んで約四〇年。比較的に早い段階から金岡の住民になった。

「昔の建物（スターハウス）のほうが趣があった。いまはなんの特徴もないマンションみたいだものねえ」

以前と何が変わりましたか？　私の問いかけに彼女は少しばかり考え込み、そしてため息交じりにこう答えた。

「子どもがいなくなった。私たちみたいなお年寄りばかりになってもうて……」

そう、まさに高齢化こそ、現代の団地の象徴的な風景といえよう。見回しても子どもの姿は視界に入ってこない。歩いているのは高齢者ばかりだ。約七〇〇世帯もありながら、生活の音が響いてこない。都会と至近距離にありながら、限界集落の雰囲気を感じさせる。

「給水塔がなくなってから団地は変わってしまったんだ」

団地の集会所には、数人のお年寄りが集まっていた。おそるおそるのぞき込むと、なかのひとりが手招きしてくれた。

井上勝博《いのうえかつひろ》(七五歳)。一五年前からこの団地に住んでいる。

集会所では、お年寄りがそれぞれの安否を報告しあっているのだという。

「私たちは〝絆《きずな》の会〟と呼んでいます。月に何度かこうして集まり、互いの顔を見ながら、元気に生きていることを確認しているだけです」

絆の会ができたのは一〇年前。きっかけは団地内で孤独死が相次いだことだった。

「いまや住民の多くが高齢世帯、あるいは単身高齢者ですよ。単身の場合ですと、亡くなっても発見が遅くなる。新聞がたまっていたら周囲も不審に思うけれど、近頃は新聞を購読しない人も増えましたしね。ここでも多くの人が、誰にも看取られることなく寂しく亡くなっていきました。なかには孤独に耐えられなくて自殺した年寄りもいました。このままでよいのかと思うようになりまして……。とにかく、年寄りは定期的に集まって、連絡を密にして、せめて顔だけでも覚えておこうと思ったんです」

各棟の掲示板に、呼びかけのチラシを貼った。

当初は数十人が集まった。みな、寂しかったのだ。誰かと話したかった。集会所で茶を飲み、持ち寄った菓子をつまみながら、それぞれが近況を報告した。

決められたプログラムがあるわけではない。ただ集まって話すだけ。

「それだけでいいんです」と井上はいう。

「世間話で十分。ときには愚痴や不満も出る。重要なのは、ひとりではないのだと実感すること」

だが、年々、参加者の数は減り続けている。この日も集まったのは一〇人に満たなかった。

「だんだんと亡くなっていく。外に出られなくなる人も増えてくる。施設に入る人もいる。家賃を払うことができずに、団地を出て行く人もいる。年寄り同士のつながりも、だんだんと薄くなってきたような気もします」

参加していた別の男性（七六歳）も、「仕方ないよ」と相槌《あいづち》を打った。彼は団地に住んで四〇年以上という古参住民だ。

「もう、以前のような団地とは違うんだよ」

――何が「違う」のでしょう。

彼もまた、少しの間を空けてから、こう口にした。

「給水塔」

えっ。給水塔？　何か話の流れを突然に断ち切られたような気がした。しかし、男性は表情を変えずにそのまま続ける。

「給水塔がなくなってから団地は変わってしまったんだ」

それは、かつてのスターハウスが、老朽化で現在のマンションスタイルに変わった時期と重なる。

「外見だけじゃなくてね、団地が団地じゃなくなったんだよ。給水塔のあった時期だけが金岡団地だ」

男性によれば、改築以降の金岡は、雰囲気もがらりと変わってしまったという。花見や祭りの参加者が減り、活気も失われた。郵便ポストに名札を付ける人がほとんどいなくなり、当然ながら表札を掲げる家も減った。自治会に入らない人も多い。そればかりか、隣人が誰なのか、どんな人が住んでいるのか、それすらわからないことも多くなった。

「つまり、年寄りもまた、意識が変わってきたんだ。核家族ってのはそういうことだよ。子どもが独立してしまえば、もう、他者とのつながりなんてなくなる。ひとりで生きて、ひとりで死んでいく。それが団地の特徴になりつつある」

団地を睥睨《へいげい》するかのように立つ給水塔を想像した。給水塔は団地のシンボルだった。屹立《きつりつ》し、高い空間から、コミュニティを見守ってきたのではないか。いや、人々は給水塔を見上げながら、団地の住人であることを自覚していた。

改築によって給水塔が撤去されたとき、同時に団地を支えてきた〝つながり〟もなくなった。支柱を失い、団地は団地でなくなった。おそらく、男性はそういいたかったのであろう。団地とは、集合住宅を意味するだけではなく、濃密な人間関係によってつくられたコミュニティを意味する記号でもあったのだ。

自治会長の家を訪ねた。

森田勉《もりたつとむ》（八〇歳）。すでに一五年間も自治会長を務めている。

商社に勤めていた森田が金岡団地に越してきたのは一九六八年。五〇年選手だ。もともとは大阪市内に住んでいたが、妻の両親が堺に住んでいたこともあり、利便性も考えて金岡団地の住民となった。船場《せんば》の勤務先に通うにも便利だった。

森田もまた、昔を懐かしむ。

「第一号団地という響きもよかった。ここから団地の歴史が始まったのですしね。近隣からは星形団地とも呼ばれていましたね。スターハウスは洗練されたデザインだったと思いますよ。入居当時は、よい場所に引っ越したと多くの人から羨《うらや》ましがられたものです」

それから五〇年。森田もまた、住民の高齢化を「最大の問題」だと指摘する。

「孤独死の問題は深刻。いまは、八〇歳を過ぎてから単身で入居する人もいます。団地がそういう場所になったということなのでしょう」

森田は、自治会長として、UR（旧公団）側に何度も高齢化対策を訴えてきた。

「たとえば、外国人留学生の宿舎として団地を活用したらどうかと提案したこともあります。団地を年寄りだけの街にするのではなく、外国の若い人たちとの共生の場にすれば、双方にとってメリットがある。しかし、URは保守的なんですかねえ、なかなかそういう話には乗ってくれない」

このままではただの限界集落になってしまう――森田はそう何度も繰り返した。

四二年ぶりに訪ねた、育った団地

私も子ども時代は団地に住んでいた。

父親は、いわゆる〝転勤族〟だった。数年ごとに住まいが変わる生活のため、定年を迎えるまで持ち家という発想はなかった。

どこの地域でも、団地に腰を落ち着けた。

なかでも私の印象に残っているのが、東京の郊外、町田《まちだ》市の山崎《やまざき》団地だった。

総戸数三九二〇戸の大型団地である。

子ども時代を振り返ったとき、必ずよみがえるのが山崎団地の風景だ。

私の家族が入居したのは一九七二年。団地完成からまだ四年しか経っていなかった。

住民を見下ろすように立つ給水塔。芝生の中庭。スーパーマーケットを中心にしてコの字に広がる団地商店街。

東北から引っ越してきた私にとって、それが初めて目にする東京の風景だった。

3DKに祖母を含めて六人で暮らした。私専用の個室などあるわけがなく、弟妹と同じ部屋で過ごした。人口密度を考えれば相当に窮屈な生活だったはずだが、不思議とそう感じた記憶はない。たぶん、そのころは多くの家庭が同じような環境にあった。

同じ棟には同級生が何人も住んでいた。子どもたちは食事と睡眠の時間を除けば、常に友人の家をはしごしていた。一緒に宿題をするのだといって、誰かの家で漫画を読んでいた。毎月のように誰かの誕生会に招かれていた。中庭で野球をした。ホームランが出るたびに、どこかの家の窓ガラスが割れた。

私は引っ込み思案のいじめられっ子だったので、友達といる時間よりも、ひとりでいることのほうが多かった。「下手だから」という理由で野球に加えてもらえないこともあり、そんなときは家の前のコンクリートの壁に向かってボールを投げつけ、守備練習を繰り返した。

実は野球よりも本を読むことが好きだった。団地商店街の書店で、児童書を読み漁《あさ》った。熱中して座り込んでページをめくっていると、よく店主に叱られた。立ち読みまでなら許容するが、座り読みはやめてくれといわれた。

二〇一八年の暮れ、私は四二年ぶりに山崎団地に足を運んだ。せっかくだからと母親も誘った。母親にとって団地がどのような存在であったか知りたかった。

車を商店街の駐車場に停めて、私たちは団地内を歩いて回った。

足の悪い母親は、ゆっくりと歩を進めながら、ときおり立ち止まっては「懐かしい」を繰り返した。

団地の生活にもっとも溶け込んでいたのが彼女だった。友人の少ない私とは違って、母親は幅広いネットワークを持っていた。三人の子どものそれぞれの友人とつながり、その親とつながり、そして独自の社交があった。調味料がなくなると、買いに行くよりも近所のドアを叩《たた》いて分けてもらうような習慣が残っていた時代を生きていた。

エレベーターもない五階建ての建物が続く。鉄製のドア。コンクリートがむきだしの狭い階段。どれもが昔のままだった。変化が認められたのは、一階の集合ポストだ。

すべてのポストにダイヤル式のロックが付けられていた。以前はこんなものはなかった。かつて住んでいた棟の前に立った。母親は集合ポストの名札を凝視している。そこに知っている名前がないか、確認していたのだ。そして、「あっ」と小さく漏らした。一軒だけ、見知った名字を見つけたのだ。

「まだここに住んでいるんだ」。そうつぶやくと、狭い階段をゆっくりと上っていった。部屋の前に立ち、インターホンを押す。そこは私の同級生の家であり、同時に母親のかつての友人の家でもあった。

年配の男性がドアを開けて怪訝《けげん》そうな表情で私たち親子の顔をのぞき込む。

「四〇年前、下の階に住んでいました」

母親がそう告げると、男性は納得したかのように大きく頷《うなず》いた。

「お名前を見つけて、つい懐かしくなってしまって……」。母親が曖昧《あいまい》に来意を告げると、男性は笑いながら返した。

「みんな出て行ってしまいましたからねえ」

男性はひとり暮らしだという。妻を数年前に亡くし、私の同級生だった息子も結婚していまは別の場所に住んでいるのだと話した。

「変わったでしょう、この団地も。いまでは住民のほとんどが私のような高齢者ですよ」

四〇年前、団地人口は一万人を超えていた。いまは半減しているという。

「静かになりました。昔は騒々しい団地だと思ったけれど」

ひとりで生きる男性の「静かな」生活ぶりが伝わってきた。

確かに、四〇年前は朝から晩まで生活音に満ちていた。エアコンのない時代である。夏場になれば、どこの家も玄関のドアは開けっ放しになっていた。狭い階段には各家の話し声と足音が反響していた。プライバシーは筒抜けになっていた。

男性宅を離れると、母親は閉じられていた記憶の扉を開放した。先ほどまで話していた男性がどこの出身で、どこに勤め、どんな成り行きで結婚したのか、まるで興信所の報告のように私に説明した。

彼女は何でも知っていた。同じ棟の住民たちの暮らしぶりをすべて把握していた。それぞれの家の家族構成、部屋の間取り、教育方針、子どもの成績、世帯主の勤務先、推定年収、支持政党――。夫婦の不仲も、子どもの非行も知っていた。あるいは寝室でのできごとも知っているかのような口ぶりだった。

それが「団地の生活」というものだったのだ。団地には濃密な人間関係があった。開け放したドアから家庭の事情が、幸福が、不幸が、小さな秘密や情事が漏れていた。

私にはそこまで明確な記憶はない。ただ、なにもかもが小さく見えた。

建物も、中庭も、私の孤独をいやしてくれるためにあったキャッチボール相手のコンクリート壁も、すべてが記憶の中に生きているそれよりもコンパクトに見えた。そして、確かに静かだった。すれ違う人のほとんどが高齢者だった。私の母親のように、足元を確認しながら、ゆっくりと歩いている人が多い。だから時間が緩やかに流れている。駆け回る子どもの姿はないし、急いでいる人もいない。風景も歳を取ったのだ。

階段の踊り場のような存在だった

商店街も様変わりしていた。シャッターを下ろしたままの店舗も少なくない。飲食店や玩《がん》具《ぐ》店があった場所には、介護事業者や就労支援施設が入居していた。洋品店に並ぶ婦人服は、どれもが高齢者向けの地味な色合いのものばかりだった。

私が図書館代わりに利用していた書店はまだ残っていたが、品ぞろえは貧弱だった。新刊本もほとんど置いていない。年配の店主は二代目だという。座り読みする私を叱った店主の後を継いだらしい。

「もういつ店を閉めることになってもおかしくない状況」だと、ため息交じりに話した。

「子どもが少ないからコミックも漫画誌も売れない。そもそも本を読む人が減ったのだからしかたない」とあきらめ顔だった。かろうじて売れるのは、健康、料理に関する雑誌、そしてパズル雑誌だという。パズル雑誌は認知症の予防に効果があるのだと、高齢者の一部に人気だ。それとて売り上げとしては微々たるものだ。おそらくシャッターを下ろす日も遠くはない。

唯一、昔と変わらぬ威厳を保っていたのは、空に向かって突き上げるように立つ給水塔だった。表面は赤と青の〝URカラー〟に塗り替えられてはいたが、それでも団地のシンボルであることに変わりはない。

子ども時代の私は、毎日、給水塔を見上げていた。あの高さに憧れた。学校でいじめられて泣きながら帰宅するときも、近くの雑木林で迷子になったときも、給水塔の姿を目にすれば安心できた。あの場所までたどり着けば、帰るべき家があるのだと、自分自身にいい聞かせることができた。

いずれにせよ――団地は私にとって「世界」そのものだった。コンクリートの箱に、喜怒哀楽のすべてが詰められていた。給水塔の見えない場所に行くと、知らない国の知らない場所に置き去りにされたような気持ちになった。そして専業主婦だった母親にとっても、団地こそが「時代の風景」だった。高度成長のただなかにあって、団地は未来へと向かう階段の踊り場のような存在だった。その先には、もっと豊かな暮らしがあるのだと信じられていた。

他人のプライバシーが筒抜けであるということは、我が家の秘密だって漏れていたはずだ。隣に、いや、上下左右の家に、私の成績も悪癖も伝わっていたはずだ。だが、それでも「気にならなかった」と母親はいう。

いまは隣家が何をしている人かさえ知らない。調味料を貸してくれるようなご近所さんもいない。

この先、きっとよいことがある。そう信じさせてくれるのが団地という存在だったという。

子どもの声も響かない静かな団地のなかを、五〇過ぎの私と八〇近い母親がゆっくり歩く。ここには誰が住んでいた、ここには何があったと、普段は口数の少ない母親が珍しくはしゃいでいた。記憶の堤防が決壊していた。

老いた母親と、老いの入り口にいる私にとって、団地の風景は郷愁そのものだった。

坂庭国晴《さかにわくにはる》は六七年に日本住宅公団の職員となった。一貫して設計、技術分野で働いてきた。その坂庭が最初に担当したのが、山崎団地だった。

「雑木林だった場所に団地を造成した。私にとっては原点ともいえる団地です」

高度成長のただなかにあった。年間に五万戸から八万戸の住宅供給をすることが「ノルマ」だったという。

「当時の上司から聞かされたのは、日本の団地は英国が産業革命以降につくりだした、労働者住宅をモデルにしているということです」

団地を中心として、半径五〇〇メートルの徒歩圏内に、商店や学校などの施設を集中させることが「英国モデル」だった。

そしてもうひとつ。居住空間における最大の思想が〝食寝分離〟、つまりは食事スペースと寝室を別々の部屋に分けることだった。

「これも日本の庶民の住宅では画期的なものだと評価されました。さらに、ベランダを南向きに配置し、一日の日照時間を最低四時間と定めた住宅も、公団住宅が最初だったと思います」

いま、団地は試練のときにあるのだと坂庭はいう。

「住宅不足解消を目的として、供給することのみに専念してきた。関係者の多くはいまのような高齢化社会になることを想像もしていなかった」

だから、エレベーターのない五階建て団地を各地に大量につくった。エレベーターを設置していたら時間もカネもかかる。短期で手ごろな住宅を供給するには、そうした手間を省く必要があったのだ。

「それが時代の要請でもありました。しかし、そのおかげで高齢者には住みにくさを与えてしまった。そして、高齢化社会に対応すべき〝団地政策〟を欠いたままに、いまや公共性すら希薄になっている。忸怩《じくじ》たるものがあります」

団地も「老い」の境地に入った。あるのかないのかわからない未来に向けて、小さな変化を繰り返している。

私は変化の現場を歩いた。

なお、取材に応じてくださった方々の名前は敬称を略させていただいた。あらかじめご了承をいただきたい。

目次

第一章

都会の限界集落

――孤独死と闘う

千葉県松戸市常盤平団地

「常磐」から「常盤」へ

常盤平駅《ときわだいら》（新京成線・千葉県松戸市《まつど》）を起点として南側に延びる「けやき通り」は、文字通り、けやき並木の美しい街路だ。

新緑の季節ともなれば、格別の趣がある。枝葉が通りを覆い、緑のトンネルをつくる。一九九四年には新・日本街路樹百景のひとつに選ばれた。

常盤平団地の代名詞ともいうべき風景である。

六〇年前まで、このあたりには長閑《のどか》な田園風景が広がっていた。豊富な湧き水が出ることでも知られ、いまも形だけが残された井戸「子和清水《こわしみず》」には、小林一茶《こばやしいっさ》が詠んだ「母馬が番して呑《の》ます清水かな」の句碑が立つ。

近隣を歩く中でようやく見つけた地元の古老は「夜になるとイノシシもタヌキも駆け回っていた。小川では鮒《ふな》が泳ぎ回っていた」と懐かしそうに昔を振り返った。

この地で住宅大規模開発事業の計画が持ちあがったのは一九五五年のことだった。経済白書に「もはや戦後ではない」と記述された、その前年である。終戦からちょうど一〇年、戦争の記憶も希釈され、日本社会はその後に続く高度成長に向けて、おそるおそる上昇気流に乗り始めた時代だ。

同年の七月、戦前に存在した住宅営団をモデルとして、日本住宅公団が設立された。急増する人口、それに伴う住宅不足に対応するため、公団が最初に手掛けた都市近郊開発事業のひとつが、この地区における団地建設だった。

団地建設の予定地に指定された松戸市金ヶ作《かねがさく》地域は、約五〇万坪の土地に九二戸の住宅しか存在せず、大部分は畑と雑木林が占めていた。山水が暮色に映える典型的な農村地区だが、それでも都心までの直線距離は約二〇キロに過ぎない。ベッドタウンとしての地理的条件からすれば好適地であった。公団は計画規模は「東洋一」だと喧伝《けんでん》した。

しかも同年には新京成電鉄が松戸と新津田沼《しんつだぬま》を結ぶ鉄路を開通させていた。新駅を完成させれば都心までの交通の便も悪くない。

地元・松戸市は「神武《じんむ》以来の大事業」とこれを歓迎し、「本市としてみても全く朗報で、これに勝る飛躍的発展はないだろうと考えられます」「本市百年の大計を確立する」と広報紙に記している。

総戸数四八三九戸の四階建て中層公団住宅一七〇棟のみならず、ショッピングセンター・集会所・病院・小学校の建設まで盛り込まれた事業である。ぶち上げられた計画は確かに「百年の大計」にふさわしい。団地建設というだけでなく、ひとつの「街」が生まれることである。

だが地元では、この事業に諸手《もろて》を挙げて賛同した人ばかりではなかった。

抵抗の意思を示したのは、土地を失うことになる農民たちである。

戦前に弾圧を受けて解体された我が国の農民運動は、終戦後、先鋭的な復活を遂げた。一九四六年に日本農民組合が結成され、その翌年には約一二〇万人にも達した組合員たちが、各地で、主に米軍基地への土地供出反対運動を展開。砂川《すながわ》（東京都）、富士山麓《ふじさんろく》（山梨県）などでは、基地拡張を阻止するなどの成果を挙げた。松戸の農村地区に住宅建設事業が舞い込んだ時期、農民運動の勢いは、まさに絶頂期でもある。公団や行政にとっては「神武以来の大事業」であったとしても、その地で古くから生活を営み、土とともに生きてきた地元農民にとっては、死刑宣告にも等しい暴挙に違いなかった。補償金だけで簡単に解決できるものではなかったのだ。

農民たちは、自らの尊厳をかけて闘った。

「金ヶ作地区市街地造成計画反対期成同盟」を組織し、地域ぐるみ、家族ぐるみの反対運動を展開したのだ。

その闘いっぷりはいまでも語り草となっている。

公団関係者が測量に訪れると、農民たちは子どもも含めてスクラムを組んで立ちふさがった。それでも測量を強行しようとすれば、激しい肉弾戦が待っていた。

　当時は反対運動も激しかったが、当局の弾圧もそれ以上に激しかった。日本社会に民主主義がもたらされて、まだ一〇年しか経っていない。対話よりも力で押し切る政治が通用していた（沖縄などの現状を見れば、いまも変わらないともいえるが）。警察力が動員され、反対する者は力ずくで追い払われた。

　それでもしばらくの間、抵抗は続いた。

　座り込みで工事車両を止める者、ブルドーザーなどに乗り込んで、強引に運転手を引きずり下ろす者もいた。

　工事関係者には、畑の肥やしに使う糞尿《ふんにょう》が投げられた。当時のマスコミは、これを「人糞作戦」と名付けている。

　反対派農民は、ときに九段《くだん》（東京都千代田《ちよだ》区）の公団本社にもデモをかけた。手拭《てぬぐ》いを頭に巻いた前掛け姿の女性たちは、取れたての大根を手にして、「土地を奪うな」とシュプレヒコールを繰り返した。示威活動を終えると、公団本社には一斉に大根が投げ込まれた。

　そうしたなかでも工事は着々と進み、結局、六〇年に第一期工事が終了、団地への入居が始まるのである。

　ちなみに団地名となった「常盤平」は、この地に古くから伝わる地名ではない。これは松戸市の公募によって選ばれたものであった。

市が市民を対象に名称を募集したのは五九年。記録によれば、応募総数は二二八通。「常盤平」の命名者となったのは、新京成電鉄社員（当時）の青木正治郎だった。

新京成電鉄の「五〇年史」では、その青木が名付け親として「命名に至る由来」を語っている箇所がある。

〈あの時はそう深く考えたわけではないのです。私は「常磐《ときわ》」という言葉が好きでした。常磐というのは、常に変わらぬ岩のような状態とか、一年中緑の葉をつけた樹木、常緑樹のことを言います。

そこで「常磐」を「常盤」という文字に変えてみたのですが、ちょっと悩んだのが「常盤台」にするか「常盤平」にするかということでした。結局、金ヶ作のあたりは平《へい》坦《たん》地ですから「常盤平」にしたわけです〉

永久不変を意味する「常磐」が転じて「常盤」となったのは、字面にソフトなイメージを持たせたかったからなのか。いずれにせよ「平」の文字も加えたことでよりいっそう語感も軟らかくなり、住宅地としての親しみやすさも増したことであろう。多くの人が、その語感に惹《ひ》きつけられたのではないか。入居倍率も二〇倍を軽く超えていたという。

「団地ごっこ」が流行った時代

家賃は五五〇〇円（2DKタイプ）。入居に際しては「家賃の五・五倍以上の月収入」なる資格が設けられていた。大卒男子の初任給が約一万六〇〇〇円という時代である。それを考えると、必ずしも家賃が格段に安価というわけでもない。実際、入居者は都心の大企業に通うエリートサラリーマンの家庭が多かったという。

松戸市立博物館には、その当時の常盤平団地の一室が「歴史資料」として再現されている。水洗トイレ。ダイニングキッチン。浴室。ベランダ。そして四人掛けの食卓と、小型の白黒テレビ。それは誰もが憧《あこが》れる「豊かさ」の風景だった。戦後という時間がようやく勝ち取った小さな幸福だった。

博物館が再現した団地の一室には、当時の典型的な「物語」が添えられている。

この部屋で暮らしているのは三人家族。夫の兼二郎《けんじろう》（二九歳）は地方出身者で、都内の大学を出た後に品川《しながわ》区の家電メーカーに勤務している。趣味はフランス映画とモダンジャズの鑑賞。妻の陽子《ようこ》（二七歳）は都内の高校を卒業後、兼二郎と同じ会社に勤めていた。社内サークルで知り合った二人は結婚し、その翌年に長女が誕生した。結婚後の新居を探し始めていたころに、当時話題となっていた公団住宅の入居募集を知ったことと、そこが陽子の母の実家がある松戸市内だったことから入居を決めた。「洋風の生活」に憧れていた二人は六畳の和室にじゅうたんを敷いて洋室に改装。電気冷蔵庫や掃除機を「月賦」で購入し、新生活をスタートさせたという。

あまりに具体的で、いかにも昭和の香りが漂う「物語」に思わず力なく笑ってしまったが、いや、これはこれで当時の団地住民の平均像ではあったのだろう。

当時のマスメディアは、これらの人々を「団地族」と命名した。六〇年度版の『国民生活白書』では、「団地族」について次のように説明している。

〈世帯主の年令が若く、小家族で共稼ぎ世帯もかなりあり、年齢の割には所得水準が高く、一流の大企業や官公庁に勤めるインテリ、サラリーマン〉

そして団地は新しいライフスタイルを生み出した。ショッピングセンターや学校、病院を呼び込み、手の届くところですべてが事足りる暮らしを実現させた。「郊外」という文化が定着していく。

都会に隣接した農村は「東洋一の大規模団地」として生まれ変わった。大根と糞尿を武器として果敢に闘った農民たちも姿を消した。六一年には反対期成同盟も解散している。高度経済成長にふさわしい「上り坂」の歴史が始まる。

団地は希望のシンボルだった。明るい未来を暗示する、幸福の入り口だった。常盤平団地の中央を貫く「けやき通り」は、いつも陽の光を浴びて眩《まぶ》しかった。若木だった街路樹が駅まで続く道のりは、毎朝、通勤する人の波で埋まった。団地の各所で子どもたちの声が一日中、響き渡っていた。街路で、公園で、2DKの部屋の中で、高度成長の波に乗る中流家庭の幸福が弾《はじ》けていた。

常盤平の周辺では一時期「団地ごっこ」なる言葉も流行《はや》ったという。これは、男子と女子が手をつないで歩くことを意味するものだった。ただそれだけのことだが、どこか、団地の風景が伝わってくる言葉だ。団地暮らしはモダンな生活を連想させた。農村生活に慣れた近隣の人たちからすれば、臆《おく》することなく男女が手を携えることこそ、「団地の作法」だった。

当時の珍しい写真が残っている。

収められているのは、車に分乗して出勤する団地住民の姿だ。

そのころ、労組が強かった新京成電鉄は頻繁にストライキを実施した。距離的に都心に近いとはいえ、電車が止まってしまえば常盤平も陸の孤島だ。そこで立ちあがったのが団地の自治会だった。なんと、自治会は自らの経費で何台もの車をチャーターし、ストの影響のない駅までピストン輸送をしていたのである。写真には、乗用車や軽トラックに分乗し、会社へと向かうスーツ姿のサラリーマンたちの姿が写っている。

昭和の会社員は雨にもストにも負けず、ひたすら会社を目指した。そして、団地ぐるみでそれを応援した。必死で資本主義を守らんとする団地住民に、京成労組は歯ぎしりしたことだろう。団地は「会社」とともにあった。まさに大人の「団地ごっこ」である。すし詰めの車は、高度成長の坂道で、黙々と働く者たちを後押しした。

老いの苦悩

中沢卓実《なかざわたくみ》（八五歳）は、常盤平団地第一期の入居者だ。五八年間、同じ場所に住み続けている。

新潟県内の高校を卒業後に上京、新聞社の発送部門で働いた。その後、文才が買われて編集部門に異動、週刊誌編集部に配属となる。常盤平団地に居を定めたのはその時分だった。

中沢は「輝いていた常盤平」の時代を過ごしてきた。「騒々しいくらいににぎやかだった」と昔を懐かしむ。

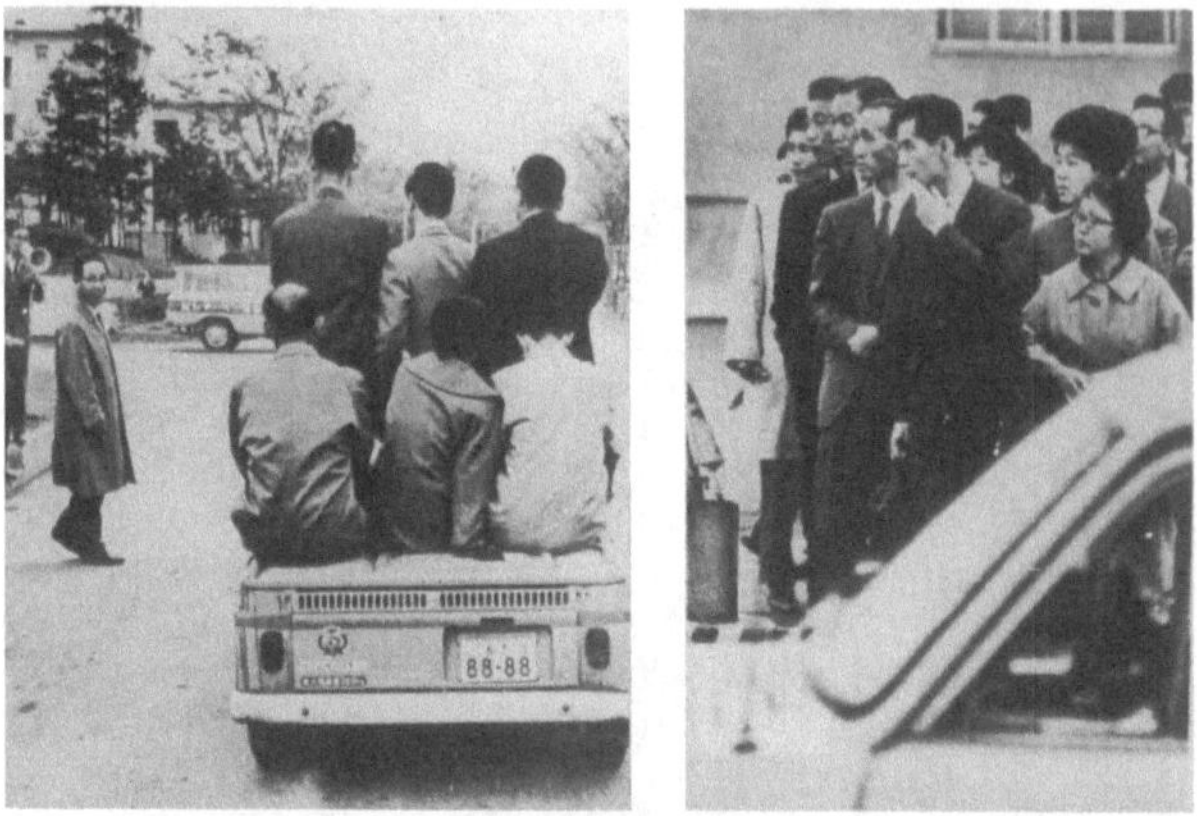

ストの際、分乗して出勤する常盤平団地のサラリーマン
（常盤平団地自治会編『常盤平団地40年の歩み』より）

向かいの家からは赤ん坊の泣く声が聞こえた。別の部屋からは兄弟げんかの声が響き、そして母親の叱り声が続いた。集合住宅の喧騒《けんそう》は、時代が躍動する音だった。

だが——陽の当たる坂道も、上りつめてしまえば穏やかな下りに転じる。

けやきの若木が巨木に育ったころ、団地から徐々に音が消えていった。

子どもたちは「けやき通り」を駆け抜け、散り散りとなった。中沢の長女は小学校の教師として、長男も会社員として独立した。新しい生活を求めて、戸建ての住宅や都心のマンションに移り住む人もいた。共同体ともいうべき地域住民同士の近い「距離感」を嫌う人も出てきた。ストにも負けずに出勤を続けた企業戦士も、その多くが定年をとうに過ぎた。乗合自動車の必要性はなくなった。そもそも、自治会が車を借り上げるほどに、勤め人の数は多くない。鉄道会社がストをすることじたい、珍しくなった。

団地から少しずつ活気が失われていく。団地の風景が枯れていく。

気が付けば、常盤平も老いの苦悩を抱えるようになった。

約五〇〇〇世帯が住む常盤平団地は、住民の半数近くが六五歳以上の高齢者だ。単身高齢者も約一〇〇〇人。

そしていま、団地で大きな問題となっているのが「孤独死」である。

看取る人もなく、ひっそりと生を終える人が少なくない。二〇一六年は一〇人が自室で亡くなり、死後しばらく経ってから「発見」された。

団地の自治会長を務める中沢が、事態の深刻さを実感したのは二〇〇一年の春だった。

団地の一室で男性の白骨死体が見つかった。

六九歳、ひとり暮らしである。死後三年が経過した状態だった。

元会社員だった男性は妻と離婚し、子どもも独立してからは没交渉だったという。寂しさを紛らわせるためだろうか、焼酎《しょうちゅう》を手放すことはなかった。

「遺体発見」のきっかけは、家賃の未納である。

孤独な晩年ではあったが、男性は家賃を滞納することはなかった。共益費を含めた家賃三万三五八〇円を預金口座からの自動引き落としで払っていた。水光熱費も同様である。死後も引き落としは続いた。UR側が男性の死に気が付かなかったのは、滞りなく家賃が払われ続けていたからだ。国勢調査のときに「昼夜を問わず電気がついていない。本人の姿が確認できない」との報告もあったが、家賃も公共料金も払われ続けていたために、まさか死んでいるとは誰も考えなかった。

しかし、死後三年目にして預金が底をついた。家賃も水光熱費も、そこでようやく延滞となった。URの松戸住宅管理センターは幾度も督促状を出したが、なんの返答もない。そこで担当者が訪問して、ようやく男性の死亡が確認された。ちなみに家賃の引き落とし金額は三年間で一二〇万八八〇〇円に上った。

警察が白骨化した遺体を運びだした後、民生委員が玄関ドアに張り紙をした。

〈家族の方がお見えになったら連絡をください〉

そう、近所の誰も、男性の係累に心当たりがなかった。

「かつての団地では考えられないことだった」と中沢はいう。

隣近所は、もうひとつの家族だった。子どもたちは我が家のように自由に隣家を行き来し、母親たちは夕餉《ゆうげ》に用いる調味料の貸し借りを当たり前のように繰り返していた。家族構成も、夫の勤務先も、出世の度合いも、経済状態も、夫婦げんかのネタも、すべてが筒抜けだった。戸建て住宅を購入して団地から出て行く者がいれば、嫉妬《しっと》を隠して形ばかりの送別会で祝った。団地暮らしは、すごろくの「上がり」の手前に位置していた。

団地はいまや限界集落

いま団地に住んでいる人の多くは「上がり」にたどり着けなかった人、そこが「上がり」だった人、そして外国人だ。常盤平でも住民の一割が中国人などの外国人だ。

タテもヨコも、つながりは薄い。隣に誰が住んでいるのか、名前は何か、働いているのか、年金暮らしか、知る機会は少ない。それ以上に関心がない。

そのうえ、夫や妻に先立たれ、孤立した生活を強いられている人は増える一方だ。働き盛りの外国人世帯を除けば、団地はいまや限界集落に等しい。

前出の男性は、しばらくしてから訪ねてきた兄弟によって、ようやく納骨が叶《かな》った。

この事件の翌年、今度は五〇歳の男性がコタツの中で死んでいるのが見つかった。腐乱死体だった。

その少し前から近隣では男性宅の異変がウワサとなっていた。

「最近、まったく姿を見かけない」

「ベランダの網戸にハエがたかっている」

「異臭がする」

そうした「話題」となるだけ、まだ、男性の存在感はあったのだろう。にもかかわらず、しばらくの間、放置されてしまったところに、二一世紀の孤独がある。

あるとき、別居していた妻がこの部屋を訪ねたことで男性の死が判明した。死後四カ月が経っていた。男性はコタツに入ったまま、伏せるようにして死んでいた。コタツの周りにはカップ麵《めん》の器や酒瓶が散乱していたという。

この二つの孤独死は、中沢に衝撃を与えた。

「誰にも知られることなく死んでいく。寂しいことです。同じ団地の中で、こうした死が相次いで起きているであろうことは容易に想像できました。もしかしたら、見て見ぬふりをしてきたのかもしれません。亡くなった方の無念を思うと、胸がつぶれるような気持ちになりました。人間の生が大事である以上、死もまた、大事にされなければいけない」

第一期住民としての、団地に対する愛着と誇りもあった。自治会長としての責任も感じた。以来、中沢は「孤独死ゼロ」を掲げて奮闘を続けることとなる。

「ないない」を「あるある」に変える

私が初めて中沢と会ったとき、集会所の応接室で、中沢は何枚もの写真をテーブルに広げた。

いずれも孤独死の「現場」を写したものだった。

トイレの中で便器に頭を突っ込んだまま死んだ者。部屋の中で白骨化した者。ごみが散乱した部屋で、ごみと見分けのつかないミイラのように横たわった遺体もあった。浴槽に浸《つ》かったまま死んでいる人もいた。

「少なくない人が、こうして死んでいくんです。悲惨じゃないですか。やりきれないですよ」

中沢は、このような場面を何度も見てきたという。

「経験を重ねるたびに私も学んでいきました。死体には、どこからともなく銀バエが湧いてきて、身体の各所に卵を産み付けるんです。それがウジとなり、軟らかい内臓を食い荒らします。ウジというのは食欲旺盛《おうせい》なんですね。放っておけば、内臓を食い切ってしまう。一週間もすれば成虫となり、さらにまた卵を産み落としていきます」

孤独死の現場となった部屋を訪ねると、必ずといってよいほど「黒い影」を目にするという。目を凝らせば、それは壁にびっしりと張り付いたハエの群れであることがわかる。物音がするたびに、その黒い影はさーっと動く。影は形を変え、濃淡を変え、不気味な羽音を響かせる。血を吸い、肉をむさぼった黒い影は、まるで死者の怨念《おんねん》のように部屋中を動き回る。一度目にすると網膜に焼き付いて、なかなか忘れることができないという。

「それ以上にやっかいなのはニオイです」

そういって中沢は顔をしかめた。

「こればかりはどうしてもうまく表現できない。たんなる腐敗臭とも違う、独特のニオイなんですよ。部屋から出ても、服に染み付いたニオイはなかなかとることができません」

どれほどきれいに清掃しても、床や壁から死者のニオイが消えることはないという。

「ですからウチの団地では、孤独死が出るたびに、壁紙も床もすべて外す。むきだしのコンクリート状態にしてから、内装工事をやり直すんです」

そんな現場を何度も訪ねながら、中沢は「悟った」ことがあるのだと話した。

「死に方というのは、生き方を映す鏡でもあるのだなあと。死の現場から、その人の生きてきた軌跡が見えてしまう。だからこそ、せめて、死ぬ瞬間だけは後悔のないようにしてあげたいんです」

団地から孤独死をなくそう——中沢はそう訴えて回るようになった。自治会活動の重要事項にも位置付けた。

自治会長として最初に手掛けたのは「孤独死一一〇番」の開設だった。

自治会事務室の電話番号を周知させ、通報システムをつくったのだ。

「隣の様子がおかしい」「姿を見かけない」「体調が悪そうだ」。そうした近所の異変を感じたら、すぐに連絡してほしいと呼びかけた。

一時期、「通報」は相次いだ。

たとえば、長期にわたって姿を見かけない人がいるのだと連絡が入ると、中沢はすぐに現場へと向かう。

「まずは生死の確認をしなければなりません。最初にするのは、玄関ドアの小さなポストを開けて、室内のニオイをかぐこと。いまでは長年の経験から、それだけで部屋の主の生死を確認することができます」

そして自治会と契約している鍵《かぎ》修理の業者に連絡してドアを開けてもらうか、あるいは、中沢自ら隣室からベランダの仕切りを越えて、部屋に入ることもあるという。

こうして死の直前に救われた人も少なくない。

「一一〇番」のシステムをさらに効率よく運用するために、二〇〇七年からは「あんしん登録カード」の制度も開始した。

これは、本人との合意があった場合、家族構成や緊急連絡先、かかりつけ医などの情報を提供してもらう制度だ。情報はカード化してまとめられ、団地の社会福祉協議会で保管する。いざというとき、あるいは死後に近親者へ連絡する際に役立つという。

また、新聞販売店にも協力を要請し、前日の新聞がそのままであったら、すぐに連絡してもらう体制もつくった。

そして「孤独死ゼロ作戦」の目玉として設けたのが、団地一階の空き店舗スペースを利用してつくられた「いきいきサロン」である。これは〇七年にオープンした。

サロン――要するにカフェ型のオープンスペースだ。

団地内の高齢者がいつでも利用できるよう、年末年始を除き、ほぼ毎日、営業している。入場料は一〇〇円で、コーヒー、紅茶はお代わり自由。高齢者の話し相手や、飲み物の供し手も、団地に住むボランティアの高齢者が中心だ。

サロンをのぞくと、お年寄りが楽しそうに会話している。持病のこと、近所の噂話、子どもや孫のこと。つまりは井戸端会議である。男性同士の場合には、そこで囲碁が打たれ、将棋が指されることもある。

かつての団地にあった光景だ。人と人との距離の近さ。密度。無駄話。他者への関心。

「実は、そうしたことこそ、孤独死を防ぐために必要なんですよ。そう思ってサロンをつくったんです」

中沢によれば、孤独死する人は「ないないづくし」のタイプが多いのだという。

仲間がいない。近隣と関わり合いがない。地域の行事に参加しない。他人に関心を持たない。あいさつしない。

この「ないない」を「あるある」に変えるだけで、死は違った形で訪れる。これまでの経験から、中沢はそう考えている。

「死を防ぐことはできません。でも、死の形を変えることはできる。より良い死を迎えるためには、より良い生を得なければならないと思うんです。その点、団地にはそうしたインフラがある。それを生かさない手はない」

孤独死に国籍は関係ない

二〇一〇年。蓄積されたノウハウをさらに広く社会で活用するために、中沢はNPO法人「孤独死ゼロ研究会」も立ち上げた。

団地の孤独死を防ぐために何が必要か、地域で何ができるのか、仲間と研究を重ねながら活動している。

その取り組みのおかげで、団地内の孤独死を半減することができた。毎年、最低でも二〇件あった孤独死は、この二年ほどは一〇件前後に収まっている。

いま、必要だと考えているのは、増えつつある外国人住民との「共生」だという。

老いていくばかりの日本人世帯と違い、働き盛りが多い外国人世帯は、あるいは将来の団地の主役になるかもしれない。本来であれば、団地の潜在的成長力としてもっと期待されてもいい。だが、言葉や文化の違い、高齢者にありがちな異文化への警戒心から、交流は進まない。

いずれ、その外国人だって老いていく。孤独死に国籍は関係ない。だからこそ、「通じあう」ことの必要性を団地住民すべてに訴えたいと思っている。

参考までに記せば、孤独死する人の八割は男性だともいう。

「仕事人間だった人ほど、地域との関わりが薄いんです。タテ社会の人間関係には即応できても、ヨコに広げることが苦手なんですね。しかもそうした人ほどプライドが高く、地域に溶け込もうとはしない。そのうえ昭和という時代を生きてきた男性は、自分のことは何もできない（笑）。食事もつくれないし、上手な買い物もできない。妻を亡くしてしまえば、もう、ひとりぼっちですよ」

そのうえ男性の場合、離れて暮らす家族や親族から遺体の引き取りを拒否されるケースも少なくないという。

社会的に孤立していると、死んでからなお、社会から距離を置かれてしまうのだ。

いまや全国各地の団地自治会はもちろん、核家族化が進む韓国、ひとりっ子政策によって単身高齢者の数が多い中国からも、常盤平の取り組みを学ぼうと訪れる人が後を絶たない。

取材を終え、真冬の冷たい風に煽《あお》られる「けやき通り」を歩きながら考えた。

皮肉なものだ。共同体であり、人間関係が濃密で、物理的にも精神的にも「隣近所」との関係が近かったはずの団地で、孤独死が深刻な問題となっている。

松戸市立博物館に展示された「昭和の常盤平団地」の一室が頭の中でよみがえった。まるで顔の想像できない架空の人物「兼二郎」の姿が浮かぶ。上り坂の五〇年代。部屋の中で三種の神器に囲まれて、兼二郎は幸せそうだ。勤めから戻れば、専業主婦の妻が何でも世話を焼いてくれる。憧れだった「洋室」でレコードを聴きながら明日を思う。

その兼二郎も、いまは八〇歳を超えているはずだ。そのまま常盤平団地に住んでいれば、おそらく、コタツの中でテレビを眺めるだけの毎日だろう。

レコードプレイヤーの時代が過ぎてから、兼二郎の輝く季節も終わった。

団地の一室は静かに始まり、そして終わる。

変わらないのは「けやき通り」の緑だけだ。

第二章 コンクリートの箱

——興亡をたどる

東京都調布市神代団地の樹齢100年を超えるヒマラヤ杉

〝団地妻〟の時代

深夜——東京近郊、団地の一室である。ダイニングキッチン脇の和室で、夫婦の営みが始まる。

妻の体に覆いかぶさる夫。間接照明の薄明りの中、布団の擦れる音と妻の悩まし気な声が響く。

だが、行為はクライマックスを待たずに、不完全なままに完結を迎える。妻の首筋を愛撫《あいぶ》していた夫は、突然に動きを止めた。思うように自身が反応しないのだろう。重ね合わせていた体を離し、横を向いて寝てしまう。焚火《たきび》にバケツで水をぶちまけるような〝無礼〟も甚《はなは》だしい態度だ。

一方的な鎮火である。置き去りにされた妻にとって、これほどの屈辱はない。

「ねえ、あなた……」

呆気《あっけ》にとられた妻が不満げな声で夫の背中に語りかける。

「私、まだなのよ」

夫は背中を向けたまま、「そうかい」と短く応《こた》えるのみだ。心も体も妻への関心を失ってしまったかのように素っ気ない。

「ねえ、あなた」

妻は繰り返す。懇願と抗議の入り混じった訴えも、夫は冷たく突き放す。

「疲れてるんだよ。仕事が忙しくてね」

恨めしそうな妻の表情。屈辱に満ちた視線が、寝息を立てる夫の背中に突き刺さる。

一九七一年に公開された日活ロマンポルノ映画『団地妻　昼下りの情事』のオープニングシーンである。

〝団地妻〟なる言葉が、単に団地に居住する主婦という意味を超え、どこか艶《つや》っぽく響くのは、この映画による影響ともいえよう。主演・白川和子《しらかわかずこ》の倦怠《けんたい》と欲情に満ちた声が、あるいは白い乳房が、メリハリに乏しい艶《なま》めかしい体形が、性に奔放な〝団地妻〟のイメージを決定付けた。

夫にかまってもらえない女。

単調な生活に飽きて、刺激を欲している女。

閉塞《へいそく》感を打破すべく、冒険を望む女。

映画『団地妻』が描いたのは、日常と非日常を行き来する普通で危険な人妻の姿だった。

即《すなわ》ち、〝団地妻〟とは欲求不満のメタファーである。映画公開から五〇年を経過したいまでも、それは引き継がれている。人妻専門をウリとする風俗店が〝団地妻〟と命名されるケースが多いことも、実例のひとつであろう。

〈貴方は知っていますか？　〝団地妻〟のイヤラしさを！〉

〈在籍する人妻さん達は、その名の通り〝団地〟で見かけるような生活感漂う奥様ばかりです！　しかし、そんな奥様達こそ、真の快楽を求めていることをご存知でしょうか？〉

〈欲求不満、独りよがり、そして不倫へ。貴方の前では指輪を外す女でいさせてください〉

〈団地妻の発情が止まらない……〉

いずれも店名に〝団地妻〟を冠した風俗店の宣伝コピーである。風俗の世界では、七〇年代の〝団地観〟がいまなお生きている。

むろん、ここでいうところの〝団地妻〟はフィクションの世界に過ぎない。性への渇望も欲求不満も、居住スタイルによって差異があるわけではない。戸建ての豪邸に住んでいる女性にも、字句通りの意味しか持たない〝団地妻〟にも、等しく倦怠はやってくる。エロを伴った〝団地妻〟のイメージは、あくまでもオトコ目線の、いや、男にとって都合の良い女性像を無理やりに投影させたものだろう。

だが、仕事一辺倒の夫との、退屈な日常をやり過ごす妻という夫婦の風景は、確かに七〇年代初頭の空気を表すものではあった。

高度成長の大波は外で働く男たちを高揚させたが、多くの女性は波打ち際でくるぶしを水に浸す程度の役割しか与えられていない。男女雇用機会均等法が制定されるのは八五年である。七〇年代、女性はまだ社会の戦力としては認められていなかった。

ただ、それでも時代は動いていた。

都市近郊では山が削られ、田んぼが整地された。代わって姿を現したのがニュータウン。つまり団地である。鉄製のドアの内側に、それぞれの〝日本社会〟が展開した。

働く男、待つ女。企業戦士、専業主婦。洋式トイレ、畳敷きの和室。団地には、異なる二つの価値観が同居する。それこそが七〇年代だった。『団地妻』が描いたセックスを途中で投げ出す夫と、性欲を持て余す妻というフィクションも、ある程度の現実味をもって、時代に溶け込んでいく。高度成長は躍動と退屈、自由と不自由という両輪で疾走しながらドラマを生み出した。

団地の中には、そのような時代の相克が渦巻いていた。

興行成績は二億円を超えた

映画の中で、不貞がばれた妻は、夫に向けてこう叫ぶ。

「私だってずっと我慢してたのよ。毎日毎日、こんなコンクリートの箱の中で同じことの繰り返し。好きなものも食べず、ほしいものも買えない窮屈な収入。息がつまりそうだわ」

それは〝戦後〟という時代の中にあって、忍従を強いられた専業主婦の切実なシュプレヒコールだった。団地はサラリーマンにとってはすごろくの「上がり」の一歩手前の踊り場のような意味を持ったが、飛翔《ひしょう》を夢見る女性にはまさに「コンクリートの箱」でしかなかった。2DKの鳥かごである。

この映画が封切られたのは七一年一一月二〇日。この年、東京では多摩《たま》ニュータウンの入居が始まり、新宿《しんじゅく》で初の超高層ビル・京王プラザホテルが開業した。大阪府では社会・共産両党が推薦する黒田了一《くろだりょういち》が知事となり、渋谷《しぶや》では沖縄返還協定批准阻止を掲げて中核派の学生が暴動を起こした（渋谷暴動事件）。学生運動は下火となっていたが、それでも変革の炎はくすぶっていた。

一方、テレビ公開オーディション番組『スター誕生！』（日本テレビ）が放映を開始し、日清食品はカップ麺《めん》の先駆けとなる「カップヌードル」を発売した。

時代は様々な価値観がぶつかりあう混沌《こんとん》の中にあった。

当時、映画会社の日活は崖《がけ》っぷちにあった。

五〇年代まで、日活はヒット映画を量産し、邦画の黄金時代を支えてきた。しかし、映画の時代は長くは続かない。テレビが普及し、人々の足は映画館から遠ざかっていく。

さらに日活はワンマン経営者による放漫経営により、業績は下降線をたどっていた。労使対立も激化し、この影響で専属俳優の多くが同社を離れ、活躍の場を他社やテレビに移した。

このままでは会社の存続も危うい。そうした危機感から生まれたのが、一般映画より低予算で、しかも採算面で利益が上がりやすいジャンルとしての、ロマンポルノだった。

それまで「ピンク映画」と呼ばれる分野は存在したが、どこかアングラ感が強かった。本編はモノクロだが、ベッドシーンのみカラー映像になるといったパートカラーと呼ばれる特殊な手法が用いられていた。これは、カラーフィルムが高価であったことから、経費節約を目的に生まれた手法である。いい換えれば〝絡み〟だけを重視し、そこに至る過程は刺身のツマ程度の意味しか持たせることはなかった。

会社存続のためにポルノ路線へ舵《かじ》を切った日活は、それでも意地とプライドがあったのだろう。低予算、さらに「一〇分に一度の濡《ぬ》れ場」という縛りがありながらも、そこにドラマ性を持たせ、しかも全編をカラーフィルムで撮った。加えて、邦画黄金期を支えた日活撮影所（東京都調布市《ちょうふ》）をフルに活用した。当然、監督やスタッフも、一流といわれた者ばかりである。

その輝かしき一作目が『団地妻 昼下りの情事』だ。

メガホンを握ったのは、後に「ロマンポルノの巨匠」と呼ばれる西村昭五郎《にしむらしょうごろう》だった。西村は一九五四年に京都大学文学部仏文科を卒業後、日活に入社。従兄《いとこ》である吉村公三郎《よしむらこうざぶろう》監督の紹介だった。監督デビューとなったのは寺内大吉《てらうちだいきち》原作の『競輪上人行状記』（一九六三年）。その後、アクション、青春映画の監督や演出を務めるが、ヒット作には恵まれなかった。西村の名を世間に知らしめたのは、やはり、日活が企業再生をかけて取り組んだ『団地妻』である。

仏文出の文学青年であった西村らしく、同映画はふんだんに濡れ場を盛り込みながらも、ある種のサスペンス色を内包したストーリーとなっている。

主人公は都内の団地に住む専業主婦の律子《りつこ》。夫は仕事一辺倒の会社人間で、彼女は退屈な日常を強いられていた。ふとしたきっかけで男友達と浮気をしてしまったが、その現場を同じ団地に住む友人の女性に見られてしまう。結局、それをネタに友人女性から脅迫され、律子は売春組織に加わることとなった。一方、夫は妻の苦悩や迷いなど知ることもなく、昇進のことしか頭にない。契約を取るため、売春組織に依頼して取引先に女性をあてがう。果たして、取引先を落とすためにあてがった女性こそ、まさに自分の妻である律子だった――。

ここまでならば、凡庸なポルノに過ぎないが、西村はその先に破滅の物語を用意した。

家庭を破壊された律子は、自分を転落の道に誘った友人女性を殺害。そして浮気相手の男性とドライブに出かけ、山道を走る車の中で、男性の局部を弄《もてあそ》ぶ。快感に悶《もだ》えながらハンドルを握る男性は、急カーブに差し掛かったところで絶頂を迎える。しかし、射精したその瞬間、車はガードレールを突き破り、崖下に転落。谷底に向けて転がる車が爆発、炎上したところで映画は終わる。

その唐突感というか、予想だにしなかったラストシーン（炎をバックに『終』の文字が大写しとなる）に、私はただ呆然《ぼうぜん》とするしかなかった。良いとか悪いといった感覚ではなく、ポルノと銘打ちながら、あまりに悲惨な終焉《しゅうえん》に、脱力するしかなかった。

だが、当時はこのドラマ性がウケた。

七五〇万円という低予算の製作費でありながら、興行成績は二億円を超えたという。転落と破滅の物語からなる『団地妻』は、崖っぷちの日活を救ったのだ。

同映画は、監督としていまひとつパッとしなかった西村をも救った。ロマンポルノで才能を見出《みいだ》された西村は、その後、日活の顔として活躍を続ける。『団地妻』はシリーズ化され、さらに団鬼六《だんおにろく》原作のSMものも手掛けるようになった。以降、西村は八四作のロマンポルノを撮った。

『団地妻　昼下りの情事』は、西村にとって初のポルノだった。作品のヒントとなったのは、磨《す》りガラス越しに人妻が不倫を告白するというワイドショーの企画と、関西地方の団地で、主婦が売春容疑で摘発された事件だったという。西村はこの二つを組み合わせた。

また、題名はオードリー・ヘップバーンの名作『昼下りの情事』を借用したという。

だが、時間は「昼下り」のまま止まってはくれない。陽は陰る。闇が来る。

八〇年代後半から、ポルノ映画に代わってアダルトビデオの躍進が始まった。日活は再び苦境に陥る。もはやエロを楽しむために映画館へ足を運ぶ時代ではなくなった。ビデオデッキの普及は、ロマンポルノを駆逐したのだ。

八八年四月、同社は会見をおこない、「ロマンポルノの映画製作を終了する」と発表した。第一作の『団地妻』公開から数えて一六年半にして「ロマンポルノ」の時代は終焉を迎えたのである。

そのころから、団地という存在もまた、くすんだ風景の中で色あせていく。

「金子田んぼ」

新宿から約二〇分。京王線のつつじヶ丘《がおか》駅を降りて五分も歩けば、五階建ての団地群が見えてくる。

神代《じんだい》団地（調布市、狛江《こまえ》市）――『団地妻　昼下りの情事』の撮影に使われた団地である。映画の中で幾度も登場する団地の外観は、いまもほとんど変わっていない。全五九棟、約二〇〇〇世帯が居住している。

敷地内を多摩川の支流である野川《のがわ》が縦断し、周囲には雑木林も点在する神代団地は、都心に近い距離にありながら、いまでも武蔵野《むさしの》の風情が残る穏やかな風景の中にある。

一時期は「団地妻の舞台」として、好事家がわざわざ見学に訪れることもあったというが、いま、風景の中に映画の残滓《ざんし》を見つけることは不可能だ。ご多分に漏れず、同団地もまた、住民の高齢化が問題となっている。エロスを感じるには程遠い。

それにしてもなぜ、神代団地が撮影場所として選ばれたのか。理由はごくごく単純だ。日活の調布撮影所にもっとも近い場所にある団地だったからである。そうしたことから、神代団地は『団地妻』以外の映画、テレビ作品にも、何度も利用されている。

神代団地の入居が始まったのは一九六五年。東京オリンピックの翌年だ。

団地の造成が始まるまで、このあたりは「金子《かねこ》田んぼ」と呼ばれる農村地帯だった。金子とは、平安末期から室町初期まで、武蔵を拠点にした武蔵七党《むさししちとう》の一党に属した金子氏に由来する当時の地名である。

「金子田んぼ」を、地元では「泥っ田」とも呼んでいた。野川が頻繁に氾濫《はんらん》することで、田んぼは常に沼地状態、足を踏み入れると腰までずぶずぶと沈んでしまうことから、そう命名されたという。つまり、農業をするための環境としては、必ずしも好条件ではなかった。

神代団地の中央グラウンドの片隅に、団地造成前の歴史を刻んだ石碑が建てられている。

それによると——

〈（戦前まで）農民の労苦は一方ではなく、渡木によって辛ろうじて作業をなす状況であり、又、畦道《あぜみち》等も極めて軟弱で、雑草の繁茂によって僅《わず》かにその形態を保ち、辛ろうじて歩行に耐える状況であった。拘《か》かる悪条件のもとにあっても耕作する農民は、半ば昔からの宿命と諦《あきら》めて百年一日の如く、原始的作業を続けて来たのである〉

終戦直後、食糧増産を目的とした国による土地改良事業がスタートし、金子田んぼも事業指定地として認定された。一帯の地中に何千本という土管を埋め込み、排水機能を向上させることで、「泥っ田」からの脱却を図ったのである。工事には地元農民延べ七〇〇〇人が動員され、工事は無事に終了した。

ところが、水はけがよくなったと思ったら、今度は逆に水不足に悩まされるという悲劇が起きる。頼りにしていた地下水が干上がってしまったのだ。あらためて野川から水を引き込もうとしても、生活排水による汚濁で水質が悪化し、米作りには不適だと判断された。

数百年間も続けられてきた米作に、最大の危機が訪れたのだ。

そうしたときに舞い込んだのが、団地開発の話だった。一九五九年のことである。住宅公団（当時）は、都心にも近い、この農村地帯に土地売却を促した。

農民たちの間では侃々諤々《かんかんがくがく》の議論があったというが、水不足によって将来の展望を描くことのできない状況のなか、交渉は三年で決着がついた。六二年、農地は坪一万三〇〇〇円から四〇〇〇円で公団に売却され、大規模な団地造成工事が始まったのである。

居場所

「周囲にはまだわずかに田んぼが残っていましたね」

そう述懐するのは、第一期（六五年）入居者の女性（七五歳）だ。結婚してすぐの新居が神代団地だったという。

「真新しい建物、それにピカピカのステンレスのキッチンがうれしかった。すごく近代的な生活にたどり着いたような気がしたんです」

水洗トイレ。バランス釜《がま》の設置された浴室。ベランダ。なにもかもが新鮮に映った。

同時期に完成した他の団地同様、ここでも子どもたちの声が響いていた。

「近くに小学校がひとつしかなくて。神代団地の完成で教室が足りなくなったものだから、さらに新しい小学校が建てられたりもしました」

だが、子どもの数が減ったいま、二つあった小学校はひとつに統合された。

ちなみに団地内には幼稚園もあるが、在園者の中に団地住民の子どもはほとんどいないという。多くが団地外、つまりは近隣のマンションや戸建て住宅に住んでいる子どもだ。

かつては団地内の商店街もにぎわっていた。私鉄系のスーパーマーケットを中心に、あらゆるジャンルの商店が軒を連ねた。衣食住のすべてを団地内でまかなうことができた。

高齢住民が多くなった現在、商店街にかつての活気はない。

団地完成から現在まで、変わらずに営業を続けているのは薬局と青果店の二店舗のみである。

「いまや六五歳以上の住民が六割を超えているんですよ。ウチの店も、お年寄りのサロンのような感じで細々と生きています」

仕事の手を休めて話してくれたのは、ドラッグ・キクの店主・平林洋子《ひらばやしようこ》だ。いまから五〇年ほど前、平林も結婚を機に神代団地に移り住んだ。父親が団地内に開業した薬局を手伝い、父親が亡くなった以降は経営を引き継いでいる。団地とともに歴史を歩んできた。

「団地の中の景色はほとんど変わらない。でも、人はどんどん入れ替わっていきましたね。残っている人も、みんな歳をとりました」

生まれたばかりの子どもを背負い、買い物かごを手にしてせわしなく歩き回っていた女性が、いまや、杖《つえ》を頼りに腰を曲げて、一歩一歩確かめるように前へ進む。そんな〝移ろい〟を店の奥から見つめてきた。

「あ、あの人、白髪が増えたなあと思ったら、今度は杖をついて歩くようになった。しばらくしたら認知症の症状があらわれて、またしばらく見ないなあと思ったら、亡くなったことがわかったり」

客層も変わった。子どもが熱を出したと、解熱剤や風邪薬を求めて飛び込んでくる人の数は減り、いまは、売り上げの多くは日用品だ。

「高齢者は市販薬を購入するよりも、病院で薬をもらったほうが安くつきます。ですから薬よりもティッシュや尿漏《にょうも》れパッドなど、そうしたものが売れるんですね」

それでも客足が絶えないように見えるのは、同店が高齢者の〝居場所〟として機能しているからだ。ここに来れば話も弾む。明日の天気を占い、季節を論じ、ときに愚痴や不満を吐き出す。団地と同じ年齢を重ねてきた同店は、お年寄りたちにとって数少ない地域のサロンなのだ。

もちろん、団地を終《つい》の棲家《すみか》とする人は少数派で、多くは違う場所に移り住んだ。

「戸建ての住宅に引っ越した人もたくさんいますし、あるいは家賃の安い都営住宅に越していく人もいます。神代団地は全戸が賃貸ですから、歳をとればとるほど、家賃の支払いもきつくなっていくんですよね」

生きざま、運命、上昇の物語も、転落の悲劇も、部屋の数だけ存在した。

団地に〝体力〟があった時代

私の手元に、神代団地自治会が九五年に制作した「三〇周年記念誌」がある。

同誌に収められた「自治会結成総会宣言」の文面が興味深い。これは六五年の入居開始直後に発表されたものだ。

「宣言」の前半部分では、小学校や幼稚園など、人口増加に追い付くことのできない教育施設の問題を列記し、後半部では次のように記される。

〈これら諸問題解決のために、皆で自治会を運営していくことが大切です。〃豊かで楽しい団地造り〃のために、住民の権利は自ら努力をはらって実現していく、という姿勢を確立していきましょう。その実践は徹底した住民の創意によって、規約に基づき民主的に遂行され、常に会員の心に帰る姿勢を忘れずに、運営していきましょう。全住民が協力し合って、住みよい豊かな楽しい団地を造りましょう。ここに神代団地自治会を結成します。

40年10月31日　神代団地自治会結成総会〉

「権利」「民主的」といった文言が、どこか当時の空気を感じさせる。六〇年安保から七〇年安保へと向かう時代。入居者の多くは戦中生まれの焼け跡世代、あるいは第一次ベビーブーム世代であったはずだ。戦後という時代とともに歩んできた者たちにとって、「権利」も「民主」も、まだそのころは色あせていなかった。

実際、ときに自治会は公団相手に闘った。

結成当時の自治会にとっての最重要課題は「家賃値上げ問題」だった。

そのころ、神代団地の家賃は2DKで約一万円。大卒男子の初任給が約二万四〇〇〇円という時代である。安価で安定した住宅供給こそが団地造成の目的であったにもかかわらず、それはけっして安い金額ではなかった。しかも、公団は七〇年になると全国の団地家賃を値上げすると発表した。

神代団地は近隣地域の団地自治会とも共闘し、値上げ反対運動を展開する。これが功を奏し、以後七年間、公団がぶち上げた家賃値上げを阻止することとなった。

だが七八年、ついに公団は値上げを強行する。

全国の団地に住む全一九万九〇〇〇世帯は値上げ分の支払い拒否で抵抗した。これに対して公団側が住民への訴訟を検討していることがあきらかとなり、全国の団地から住民代表を原告として選出し、一方的な値上げを違法とする裁判闘争が始まったのであった。

神代団地からも二名が原告団に名を連ねた。同団地自治会はこれを全面的にバックアップし、国会要請行動に参加するだけでなく、団地内でのデモ行進もおこなった。記念誌には、スーツ姿のサラリーマン男性と、主婦と思《おぼ》しき女性たちが並んで野川沿いを練り歩く写真が掲載されている。デモが民主主義の武器として、一般の生活者にも活用された時代だった。

裁判は幾度かの中断もありながら、結局、八〇年代にまで引き継がれ、和解によって終わりを告げた。

現在、神代団地の家賃は2DKで七万円から八万円。付近の民間アパートなどと比較しても、必ずしも安いとはいえない。都営住宅への住民流出が止まらないのは、このせいである。

「いま、家賃の値下げを求めてURと交渉しているんです」

そう話すのは自治会役員のひとりだ。

「住民の大部分が高齢者ということは、ほとんどが年金生活者でもあるわけです。家賃負担は非常にきつい。夫婦で生活していればまだなんとかなりますが、たとえば夫に死なれて妻だけが残されると、年金受給額も極端に少なくなります。これでは生活できません。結局、さらに安い都営住宅などに引っ越すことになるのですが、それでも数年間の順番待ちを覚悟しなければなりません。その間、家賃を払い続けなければならないわけです」

民間のマンションやアパートは高齢単身者を歓迎しない。外国人同様、高齢者にとっても公営の集合住宅は生命線なのだ。

「URは住民の若返りを望んでいます。三五歳以下の世帯主、あるいは子育て世代には家賃の減額措置がある。しかし、高齢者には若年世帯ほどの優遇措置はないのです。これはおかしいのではないか。そうした疑問をURにぶつけて交渉しているのですが、なかなか理解を得ることができなくて……」

家賃の減額という〝特典〟を設けても、しかし、若い世代はなかなか集まらない。

「若い人たちにとって、団地はあまり魅力的に映らないのかもしれませんね。年寄りだけが集まって住む、時代遅れのコミュニティでしかないのでしょう。そのせいで、この団地も空き室が目立ってきました」

二〇九二室のうち、空き室は約二五〇室。全体の一割を超える。

「そもそも五階建ての無機質な建物は若者には地味すぎるでしょう」

そう漏らしたのは八一歳の男性。商店街のベンチで座っているところを話しかけた。

「ほら、ごらんなさい。一部に外付けでエレベーターが設置されたけれど、不便極まりない」

男性が指さす先には、団地内でも数少ない「エレベーター付き」の棟があった。それぞれの入り口に設けられたエレベーターは、確かに便利だろうが、もともと古い団地は横廊下がつながっていないので、同じ棟の同じ階であっても、水平移動ができない。よって、エレベーターも各入り口に一か所、つまり一棟で四基が稼働することになる。

「上下の移動にしか使えないんです。まあ、上階に住む年寄りにとっては便利でしょうが、そもそも大部分の棟はエレベーターがありませんからねえ。そりゃあ、住めなくなる人だって増えるはずです」

男性は「私もねえ、家賃も高いし、いずれ退去することになるかもしれません」とつぶやきながら、「変わらないのはあの杉の木だけだなあ」と続けた。

男性の視線の先に、団地のシンボルともいえる樹齢一〇〇年は重ねたであろうヒマラヤ杉があった。

「ここに引っ越して来たときから、ずっとあの杉の木を見てきました」

風雪に耐え、人を迎えたり見送ったりしながら、ヒマラヤ杉は団地のシンボルであり続けたのだ。

それにしても、だ。あらためて『団地妻』を注意深く観ていると、私は艶っぽい場面よりも、団地の何気ない風景にこそ目が行ってしまう。

高齢者対策で設置された外付けエレベーター

映画の中の神代団地には、高度成長を生き急ぐ人々の足音が常に響いていた。ブームとなった〝マイカー〟が行き交い、子どもたちが走り回る。部屋の中ではワンドアの冷蔵庫が鎮座し、下駄箱の上には観葉植物が置かれていた。白い炊飯器も、トースターも、レースのカーテンも、畳の上に直《じか》に敷かれた布団からも、時代の息遣いのようなものが伝わってくる。浮気に走る〝団地妻〟もまた、団地に〝体力〟があったからこそ、生まれた現象だったのかもしれない。

監督の最期は団地そのものだった

東北新幹線の八戸《はちのへ》駅からローカル線に乗り換える。海沿いに走って約二〇分。「鮫《さめ》」という小さな駅で降りた。

海岸沿いの小さな漁師町である。鮫が生息していることが地名の由来かと思ったが、どうやらそうではないらしい。かつてこのあたりに多く存在していた「沢」が訛《なま》って、いつからか「鮫」を当て字したのだという。

ウミネコが空を舞い、潮の香りが漂う。耳を澄ますと波の音が聞こえた。

この町こそ、『団地妻』を撮った西村昭五郎が最後に行き着いた土地だった。

西村が八戸市内の病院で肺炎のため亡くなったのは二〇一七年八月一日。八七歳だった。

最期を看取ったのは、妻の成子《せいこ》（六八歳）である。実は、西村との付き合いこそ四〇年以上にもなるが、「妻」として入籍したのは二〇一三年。それまで西村は戸籍上、他の女性と婚姻関係にあったことから、正式な「夫婦」としての歴史は四年に過ぎなかった。

成子は家の前に出て、私を待ってくれていた。黒いロングスカートと同系色のブラウス。シルエットだけではとても六〇代とは思えない。東北の漁師町にあっては、実にあか抜けたファッションだった。

西村が晩年を過ごした成子の家は、港を見下ろす丘の上にあった。居間の奥にある仏壇には、少しばかり気難しそうな表情の西村の写真が飾られていた。

成子は鮫の出身である。父親は地元の網元だった。若いころに上京し、美容師として働いた後に、誘われて日活のメーキャップアーティストとなったのは七一年。当時の業界では「ケッパツ（結髪）」と呼ばれていた仕事である。

西村との出会いは『団地妻　昼下りの情事』の撮影現場だった。

「第一印象は、まるでよくないのよ。西村は目が鋭くて、なんとなく怖かった。それでもね、撮影中、私のほうに何度も視線を寄越《よこ》すものだから、ああ、たぶん私に気があるんだろうなあとは思っていました」

成子によれば、西村は「女たらし」で知られていたという。

「実際、モテたんだと思う。自分が口説けば、落ちない女などいないと思っている。でもプライドが高いから、その気にならない女がいると、ムキになるのよね。私の場合がそうだった。別に西村は好みのタイプでもなかったし、仕事中にどれだけ見つめられても、いつも無視していたんです。すると、今度は酒を飲まないかと誘ってくる。もちろん酒席には付き合いましたよ。私、酒に強いから、絶対に口説かれない自信があったの。案の定、先につぶれたのは西村のほう。ぶっ倒れた西村を残して、私はさっさと家に帰りました」

簡単に落ちないとわかると、余計に熱くなるのが西村だった。結局、押しの強さに負けたのか、それともいつしか西村に惹《ひ》かれていったのか、成子自身も説明がつかないまま、恋人として付き合うようになった。

とはいえ、西村の女性関係はメチャクチャだった。手当たり次第に女性に手を出す。気が付けば他の女性と結婚もしていた。それでも何の負い目もないのか、成子との関係も続けた。

「私がバカだったのかもしれないけど」

成子は自嘲《じちょう》気味に漏らした。

西村は優しかったわけではない。大事にしてくれたわけでもない。

「私のどこが好きなの？」

そう訊《たず》ねても、「へへ」と笑ってごまかすような男だった。

ケンカした後、仲直りだといって大きな石の付いた指輪を渡されたことがある。ダイヤモンドだと思って喜んだが、後で調べたらニセモノだった。

だから何度も別れようと思った。しかし、西村は離れない。離れてくれない。気が付けば家の中に入り込み、「亭主」のような顔をして座っている。

「西村の人生の中で、私が一番に〝都合の良い女〟だったのでしょうね」

西村にとって〝監督〟としての栄光は、日活が八八年にロマンポルノから撤退するまでの十数年間だけだった。パッとしない監督だった西村は、『団地妻』で輝いた。瀕死《ひんし》の状態にあった日活を救った。ロマンポルノの立役者となった。だが、ロマンポルノの終焉とともに、西村の輝かしき時代も終わった。テレビの二時間ドラマの演出なども手掛けてはみたが、これまた、パッとしない。金はなくなる。女性は離れる。

堕《お》ちていく西村を、成子が支えた。何がそうさせたのか、成子自身もわからない。ただ、一緒に過ごした長い時間を、「簡単に打ち切るわけにはいかなかった」のだと話す。

西村は八〇歳近くになったとき、一度、郷里の滋賀県に戻り、老人専用マンションにひとりで入居する。しかし、それも長くは続かない。しばらくすると、やはり故郷の八戸に戻っていた成子の家に転がり込む。

八三歳になって、西村は戸籍上の妻と離婚した。そして、成子と正式に夫婦となった。

「最後まで見栄《みえ》っ張りな人でした」

自分から八戸に来たくせに、知人たちには「いやあ、女に連れてこられてしまって」と、笑いながら話していた。

亡くなる四年前からは足腰も弱まり、車いすでの生活となった。それでも「女好き」は治らなかった。通っている病院では、いつも若い女性の看護師を目で追っていた。

「その一方で男性としての自信はすっかり失っていたのでしょう。急に嫉妬《しっと》深くなったんです」

集金や配達に来た男性と玄関先で話し込むだけで、西村は機嫌を悪くした。浮気癖のある男ほど、女性を信用しない。自分だけの経験をもとに、人間は浮気するものだと信じている。

亡くなる半月前のことだった。夜、いきなり成子の手を握って、西村が「愛してるよ」とささやいた。

「誰のことを愛してるの？」

成子が意地悪な問い返しをすると、西村はただ「愛してる、愛してる」と繰り返しながら、成子の手を何度も強く握った。深いしわが刻まれた手だった。弱々しい握力は、人生の終焉が近づいていることを知らせているようだった。

俳優やスタッフを怒鳴り散らし、女性に声をかけまくり、わがまま放題に生きてきた西村は、すでに存在していなかった。

不思議なことに、八戸に来てからの西村は、成子に対しては威張り散らしていたが、近所の人には穏やかな人柄で接した。自分がかつての「大監督」であることを自慢することもなかった。誰に対しても映画の話などほとんどしなかった。いや、成子に対しても、過去の栄光を振り返るような話はしなかった。

西村は、もう、映画を捨てていたのだ。『団地妻』シリーズで、燃え尽きてしまったことを、西村自身が正確に理解していたのだろう。

『団地妻』に出てくる、上昇志向の激しい仕事人間の「夫」は、あるいは西村の姿であったのかもしれない。妻の気持ちなど考えることなく、自分だけは時代の高揚に酔い、団地という「コンクリートの箱」に女性を詰め込んだ男は、身勝手に生きた西村の姿と重なる。

いや、西村は舞台となった団地そのものだった。輝きの中で生まれ、黄昏《たそがれ》の中で老いていく。

成子という存在があっただけ、西村はまだ幸せだった。帰る場所があったのだから。

第三章　排外主義の最前線
――ヘイトへ抵抗する

神奈川県川崎市で起きたヘイトデモの光景

排外運動の発火点

一五階建ての居住棟が、まるで切り立った屏風岩《びょうぶ》のように連なる。地元では皮肉交じりに「万里の長城」と呼ぶ人も少なくない。

芝園《しばぞの》団地（埼玉県川口《かわぐち》市）——JR京浜東北線・蕨《わらび》駅から徒歩八分、一九七八年に完成したUR団地だ。

全二五〇〇世帯という大型団地だが、半数の世帯が外国人住民だ。その半数以上はニューカマーの中国人である。

芝園団地が一部メディアの注目を集めるようになったのは二〇〇九年ごろだった。中国人住民の急増が話題となり、風紀の乱れや治安の悪化を憂う記事が相次いで掲載された。「チャイナ団地」「中国人の脅威」——いずれも身勝手にふるまう中国人と肩身の狭い思いをする日本人といった文脈でまとめられたものだった。

こうした記事を目にするたびに気持ちがザラついた。外国人が増えることを「治安問題」とする日本社会の空気にうんざりした。排他と偏見を煽《あお》るような雰囲気が怖かった。

当時、私は「在日特権を許さない市民の会」（在特会）など、外国人排斥を主張する差別者集団を追いかけていた。そのころから彼ら、彼女らは日本各地で〝排外運動〟を展開していた。外国人、なかでも在日コリアンや中国人をターゲットに、「日本から出て行け」「死ね」「殺せ」と叫びながら、街頭での差別デモを繰り返した。

芝園団地の最寄り駅である蕨から西川口にかけての一帯は、実は、こうした差別デモの開催地としても知られている。排外運動に飛躍を促した場所でもあった。

二〇〇九年四月一一日、蕨市内において「フィリピン人一家追放・国民大行進」なるデモがおこなわれた。私が知る限り、差別者集団による初の〝大規模デモ〟だった。

そのころ、「不法滞在」を理由に入国管理局から強制送還を迫られていたフィリピン人一家（蕨市在住）の問題が連日、テレビや新聞で大きく報道されていた。フィリピン籍の両親と娘からなる三人家族の一家は、中学校一年生の娘だけが日本生まれだったため、彼女自身は「友達と離れたくない」と、涙ながらに両親の強制送還処分撤回を訴えた。しかし結局、入管当局は両親だけをフィリピンに送りかえし、家族は離れて暮らすことになる。

外国人支援団体などはこの入管の処置を非人道的な行為であると強く抗議し、メディアもこぞってこの「悲劇」を報じた。私は、たとえ不法な入国であったとしても、長く日本に居住し、生活基盤を確立した家族に対しては、特別在留許可のオプションを用いるべきだと考えている。移民政策が確立していない日本は、単純労働の分野では外国人に依存してきたのだ。それなりに柔軟な対応があってしかるべきだ。

だが、問題発覚後から一貫してネット世論は「強制送還支持」を訴えていた。ネット掲示板には「処分は当然」「お涙頂戴《ちょうだい》の報道はやめろ」といった書き込みが殺到した。在特会など差別者集団も早くから「不法入国者、外国人犯罪者を増長させるな」とのメッセージを発表、ついには一家の居住地である蕨市において、「国民大行進」と銘打った大々的なデモ行進を展開したのである。

同日、集まった約二〇〇人のデモ隊は「不法滞在者を即刻追放せよ」「一家を叩《たた》き出せ」とシュプレヒコールを繰り返しながら、日章旗や旭日旗《きょくじつき》を担いで市内を行進した。デモのコースには、当事者である娘が通う蕨市立第一中学校前も含まれていた。デモ隊は中学校の校門に差し掛かると、わざわざそこで立ち止まり、「ここに娘が通っている。怒りの声を上げましょう！」と叫ぶ先導役に合わせて、「追放せよ！」と繰り返した。

このとき、娘は音楽部の活動のため、学校内にいた。彼女はどんな思いで、この罵声《ばせい》を、ヘイトスピーチを聞いただろうか。一三歳の少女を名指しで攻撃するこの集団に、私は心底怒りを感じた。

だが、このデモは結果的に在特会の知名度だけでなく、支持をも高めた。ネット上にはデモを称賛する書き込みが相次ぎ、同会の入会者も急増したのである。私はその後、多くの同会メンバーを取材したが、蕨での「国民大行進」を動画サイトで目にしたことが運動に参加するきっかけだと述べた者も少なくなかった。同会広報担当者も、私の取材に「あれはひとつのエポックだった。運動への支持者が急増した」と答えている。

蕨のデモが排外運動の発火点となったのだ。

以来、蕨や隣接する川口市を舞台とした差別デモは定例化する。デモの際に日章旗や旭日旗だけでなく、ナチスのシンボルであるハーケンクロイツを掲げる者まで現れた。

そうした空気が流れる中で、中国人住民が急増した芝園団地が差別主義者の攻撃対象となることは時間の問題でもあった。

ゼノフォビアの人物

二〇一〇年の春だった。芝園団地に「排外主義」を主張する約二〇名のグループが押し掛けた。在特会幹部を含む彼らは「排害」と記された小旗を掲げ、「侵略実態調査」と称して団地内を練り歩き、あたりかまわず写真を撮っては、それをネットにアップした。

ブログ記事には「支那人による人口侵略の最前線」なる見出しのもと、次のような記述が続いた。

〈彼らが支那・朝鮮人が自らの文化に沿った生活をすることによって日本人の生活が破壊される……これは芝園団地に限らず、埼玉県をはじめ東京都や神奈川県など日本各地で頻発している文化間の軋轢《あつれき》・衝突であり、これを増長させることが遠からず全ての日本人の生活・安全を破壊する「安全保障上」の問題であり、支那・朝鮮人らによる「侵略」であることが分かろう〉

〈一見は閑静に見えるマンション建物内では絶えず所々で問題が頻発しており、支那人が存在する限りはいずれより大きな形で、より深刻な事態が到来し、やがて辺り一帯が九龍城《クーロンじょう》と化すのも時間の問題であることをうかがわせた〉

このグループを率いた男性（当時四〇歳）は、若いころからネオナチ団体に所属し、外国人排斥を訴えてきた。もともとは普通の会社員だったが、日本社会における外国人急増に危機感を覚え、九〇年代初頭にテレビのドキュメンタリー番組で取り上げられたネオナチ団体に加入した。現在も〝外国人犯罪追放〟を掲げる団体のリーダーを務めている。

男性は私の取材に対し、〝芝園団地攻撃〟の理由を次のように話した。

「私が目指しているのは当然、排外主義なんです。日本は確実に外国勢力に侵食されつつある。特に朝鮮人とシナ人の跳梁跋扈《ちょうりょうばっこ》は許し難《がた》い。外国人でありながら日本人と同じ公共サービスを求め、それぱかりか既得権益までつくりだした。しかし政治家も既存の右翼も何ら有効な手を打つことができないでいる。だからこそ我々だけでも明確に排外主義を打ち出し、危機感を持って対峙《たいじ》するしかない」

だからこその街宣なのだという。

さらに彼はこう続けた。

「芝園団地を調査してわかったのは、もはやシナ人の自治区になってしまったということ。日本人住民の影は薄く、シナ人ばかりが幅を利かせている。住民からは治安悪化を危惧《きぐ》する声も聞いた。今後もシナ人の増殖が続けば、日本人が足を踏みこむことのできない無法地帯になってしまう」

もともとがゼノフォビア（外国人嫌い）に凝り固まった人物である。それまでにも繁華街で「犬と中国人は入るべからず」などと記された旗を掲げて街宣活動をしてきた。差別と偏見にまみれた言葉は、団地の内実を正確にいい当てたものであるはずがない。

だが、問題はこうした言説がネットに流布されることで、けっして少なくはない同調者を生んでしまうことにある。

「人種間というよりは、世代間のギャップなんですよ」

私が最初に芝園団地に足を運んだのはこの男性たちが「実態調査」をおこなった直後だった。

確かに団地内には「中国」があふれていた。

中国語が併記された看板や張り紙。日本語がほとんど通じない団地商店街の中国雑貨店。飲食店のほとんども中華料理店だった。子を叱る母親の声も井戸端会議も、耳を傾ければ飛び込んでくるのは圧倒的に中国語が多い。

公園で談笑していた中国人の母親グループに声をかけると、弾んだ声が返ってきた。

「ここには友達もたくさんいる。とても住みやすいです」

一方、団地内を歩いていると、掲示板に次のように記された張り紙があった。

〈警告　不良支那人・第三国人　偽装入居者（不法）

強制送還される前に退去せよ〉

太字の黒マジックで殴り書きされたような張り紙の文字からは、憎悪と差別の〝勢い〟が見て取れた。いかにも団地の管理事務所が貼り出した「警告」のように見えるが、実際は何者かによるイタズラである。

旧知の中国人ジャーナリスト・周来友《しゅうらいゆう》によると、芝園団地で中国人住民が目立つようになったのは今世紀初めくらいだという。

「中国人住民の多くは日本の大学を出て、そのまま日本企業に就職した会社員とその家族です。芝園団地は都心に近く、家賃に比して間取りも悪くはない。何よりもＵＲは収入基準さえ満たしていれば、国籍に関係なく入居できます。民間の賃貸住宅は外国人に対しては審査が厳しいし、なかには露骨なまでに差別的な対応をされてしまうこともある。そうした点、公共性のあるＵＲならばそうした心配はありません。こうしたことが中国人コミュニティの間で広まり、都心の企業に通勤するホワイトカラーを中心に、〝芝園人気〟が定着しているのです」

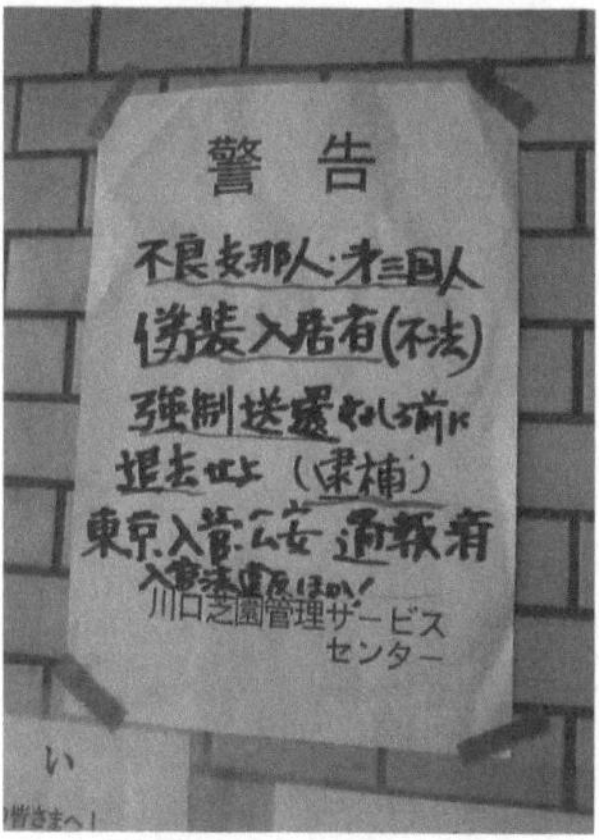

かつて貼られていたヘイトビラ

たとえばＩＴ企業に勤める曾科《ツォンカ》もそうだった。

九八年に留学生として来日。就職してからはしばらくの間、民間のマンションで暮らしていたが、中国人仲間から評判を聞いて芝園団地に転居した。

「礼金や更新料が必要ないところが魅力です。民間マンションのように外国人だからと入居審査でハネられることもない。そのうえ芝園団地は最寄りの蕨駅から東京駅まで三〇分ほど。敷地内には大きな公園もあるし、環境は整っています。何よりも同胞が多いので心強い。私の妻も転居してすぐに中国人の〝ママ友〟ができたので、とても喜んでいます」

前述したように中国雑貨店もあれば、同胞が営む料理店もある。さらにいえば、隣駅の西川口周辺には、埼玉県で唯一といってもよいチャイナタウンが広がる。芝園団地をはじめ、増え続ける中国人住民に合わせて形成されたものだ。確かに「心強い」環境であろう。

一方、一部の日本人住民が中国人住民を快く思っていないことも事実だった。

「騒々しい」「階段やエレベーターで大小便をする者がいる」——。主に年配の住民たちから、このような声が漏れていた。

私が芝園団地の取材を始めたばかりのころ、住民の七〇代男性は「これ以上、メディアで取り上げないでほしい」と訴えた。

「中国人が増えていることが記事になると、ますます中国人が増えてしまうような気がするんです。正直、それが怖い」

なぜ怖いのかと聞き返すと、男性は「う～ん」と考え込み、そしてこう続けた。

「実際に怖い目にあったわけではありません。ただ、中国人ばかりになってしまうと、なんとなく肩身が狭い思いをする。ここは日本なんですし……」

外国人との交流に慣れていない高齢者としては無理もない反応だろうなあと思いつつ、しかし、「怖さ」を扇動するメディアの影響も感じられた。

そのころ、団地自治会はＵＲに対して「これ以上、中国人の入居者を増やさないでほしい」とも要望している。

摩擦は間違いなく存在した。

だが、日本人住民のなかでも「メディアや右翼が騒ぐほどの問題はない」といい切る人も少なくなかった。

別の七〇代住民は次のように話した。

「この団地には広い中庭があるので、昔から近隣の悪ガキたちのたまり場になっているんです。そうした者たちのイタズラを、中国人の仕業だと喧伝《けんでん》する住民がいるんです。少し前のことですが、夏祭りの前夜に、盆踊りの舞台に飾られた提灯《ちょうちん》が壊されるという事件が起きました。目撃者もいたことで、〝犯人〟は団地の外に住む日本人の中学生グループだということはわかったのですが、それでも、中国人がやったに違いないというウワサが、あっという間に広がりました」

また、団地内にある芝園公民館の職員も「誤解に基づいた偏見が多い」と嘆いた。

「たとえば大小便の問題も、調べてみたら犬の糞《ふん》だった、ということもありました。ごみ出しなどで、生活習慣の違いなどからトラブルもあったことは事実ですが、中国人だって団地生活が長くなれば、最低限のルールは覚えてくれます」

前出の中国人住民・曾は、誤解の元となるような行為が、一部の中国人にあることも認めている。

「少数ではあるけれど、部屋を又貸ししている同胞もいるらしい。そうした部屋に住む中国人は短期間しか滞在しないので、たとえばごみ出しのルールを守らなければいけないといった自覚がない。あるいは、住人の中には子どもの面倒を見てもらうために、中国から親を呼び寄せている人もいます。親の世代は、日本の習慣もわからなければ、そもそも日本語がまったく理解できない。だから、ルールを守らないというよりも、ルールの存在を知らない人もいる。もちろん、これに対して怒っている中国人も多いんです」

中国には「ごみの分別」という考え方があまり浸透していない。ごみはすべてまとめて袋に入れて出すものだと考えている人も少なくないのだ。

小さな誤解やトラブルが、団地住民の間に溝をつくってしまうこともある。

「本当の問題は、日本人も中国人も、互いの存在に無関心であることではないのか」

当時、私にそう告げたのは団地内に店を構える日本人の商店主だった。

「人種間というよりは、世代間のギャップなんですよ。高齢者ばかりの日本人と、働き盛りの中国人では、どうしたって交流の機会が少なくなる。接触がなければ相互理解だって進まない」

なにかのはずみで、無関心は容易に憎悪や不寛容に変化する。

差別は、そうした場所に入り込む。憎悪を煽《あお》り、亀裂《きれつ》を持ち込む。

ただでさえ交わることの少ない高齢者と若年層の間に、人種や国籍といった材料が加わり、余計に溝を深くする。敵か味方か。人を判断する材料がその二つしかなくなる。

団地はときに、排外主義の最前線となる。

文化摩擦

岡崎広樹《おかざきひろき》が芝園団地で暮らし始めたのは二〇一四年だった。

「チャイナ団地」と呼ばれ、メディアがそれを面白おかしく、いや、憎悪を煽るような記事を書いていたことも知っていた。

「だからこそ、ここで暮らそうと思った」

岡崎は笑顔を見せながら、そう話した。

同県上尾《あげお》市の団地で生まれ育った。だから団地住まいには何の抵抗もないが、芝園に居を定めたのはそれだけが理由ではない。

彼にはそこに至るまでの〝物語〟があった。

大学卒業後、岡崎は大手商社・三井物産に就職した。

入社して四年目から海外駐在となった。英国、オランダ、ノルウェーを回る。憧《あこが》れていた海外勤務。やりがいもあったし、仕事も楽しかった。

一方、海外で商社マンとしての経験を積む過程で、小さな興味と関心の芽が自らの中に生まれてきた。「文化摩擦」という問題である。

「グローバル化が叫ばれる中、確かに人の往来は盛んになり、様々な形で海外を知る機会も増えてきました。総合商社などはその最前線に立っていますから、そうした面で刺激を受けることは多かった。ですが、やはり行く先々で、乗り越えることのできない、ある種の〝壁〟を感じることもあったんです」

それはたとえば、労働慣習や価値観、家族観などの違いだった。

「ノルウェーでは職場に犬を連れてくる人もいました。自分の仕事を終えたら、さっさと帰ってしまう人もいる。それに対して、日本人の上司はイラついたりするわけです。どちらが良いとか悪いとかいう問題ではなく、なぜ、そうした文化の違いがときに集団を分け隔ててしまうのか、摩擦から生まれる分断という現象に興味が向いたのです」

育った環境や身に付いた価値観が違えば、人はわかり合うことができないものなのか。「違い」を尊重したうえで、共存していくことは可能か。

岡崎は、そうしたことを「もっと深掘りしたくなった」という。

「考えてみれば、日本でも多様な形で外国人が増えている。あちらこちらで摩擦があり、亀裂が生まれ、あるいはその溝を埋めるために努力している人がいる。そうした動きを、もっと知りたいと思ったんです」

彼は、せっかく入った商社を辞めた。

代わりに新天地として選んだのが松下政経塾《まつしたせいけいじゅく》だった。各自がテーマを定め、実践的に学ぶことができる同塾は、政治家予備校としての性格も併せ持っている。

だが、政治家になることは考えていなかった。

「とにかく学びたかった。グローバル化の掛け声の内実をもっと知りたかった」

しかも入塾すれば毎月の研修資金なども支給される。経済的な負担がないことも魅力だった。

選考に合格した岡崎は、一二年春から塾生となった。彼が選んだ研究テーマは「多文化共生」だった。

一定期間の座学を経て、岡崎は日本各地を回った。足を運んだ先は、いずれも「団地」である。

「愛知県の保見《ほみ》団地をはじめ、いずれも外国人住民が急増している団地ばかりを見て回りました」

団地は苦しんでいた。迷っていた。戸惑っていた。外国人が増えることをなし崩し的に受け入れながら、「ともに暮らす」という意識を持つことができないでいた。「多文化共生」は絵空事のようにも思われた。降ってわいた文化摩擦に悲鳴を上げながら、なすすべもなく打ちのめされているように見えた。

文化交流を防災から始めた

岡崎が見て回った団地のひとつが、芝園団地だった。地の利もあったことから、足繁く通った。自治会役員から現状を聞き、URの担当者や役所の関係者、住民の中国人にも〝取材〟を重ねた。

「出会った人はみな、相互理解や交流の重要さを訴える。それを進めるべきだということがわかっている。でも、どう進めていくべきか、という具体策が出てこない。部外者であることを自覚しつつ、そこに歯がゆさも覚えました」

芝園団地は、それでもまだ、相互理解への取り組みを試みているという点で、他の団地と比較すれば前向きであったかもしれない。

夏祭りでも、積極的に中国人住民に参加を呼びかけていた。確かに夏祭り会場には中国人の姿も多かった。だが、盆踊りをするのは日本人で、中国人はそれを見ているだけだった。どこか、ぎくしゃくしていた。

とはいえ「見ているだけ」なのは、岡崎自身もまた同じだった。部外者である以上、彼は観客席から動くことはできない。

「ならば住んでしまえ、と思ったわけです。自分自身が住民となることで、より深く、問題に関わることができる。そう思ったんです」

若さが持つ勢いは、躊躇《ちゅうちょ》も懐疑も容易に乗り越える。

一四年四月、岡崎は芝園団地の２ＤＫの部屋に移り住んだ。それが彼の松下政経塾生としての「実践研究」だった。

引っ越してすぐに自治会に加入し、役員にしてくれと頼み込んだ。異論など出ようはずがなかった。当時、役員は六〇代から八〇代の高齢者で占められていた。そこに三〇代の若者が飛び込んできたのである。歓迎されないわけがない。

だが、自治会が期待したのは岡崎の「若さ」であって、中国人との交流を進めたいという「プラン」ではなかった。

「僕としては意気込んで自治会に入ったわけです。すぐにでも日中住民交流ということをぶち上げたかった。ところが、自治会にはそうした環境がない。というか、交流を口にする人は多くとも、それを積極的に推し進めていこうとする雰囲気がなかった。当然だと思います。みんな、それなりに努力はしてきた。しかし、長い時間をかけて積み上げてきたものを壊したくないという気持ちもある。さあ、交流しましょう！　なんてことは、なかなかいい出すことのできない雰囲気でした」

岡崎は、きっかけを探していた。日本人と中国人が、とにかく一緒にできることを模索していた。

思いついたのが「防災講習会」の開催だった。東日本大震災以降、防災に関心を持つ人は増えていた。もしかすると中国人も同じかもしれない。いきなり文化交流といっても、自治会は動かないかもしれないが、目的が防災であれば話は別だ。賛同も得やすいし、人も集まるかもしれない。

思い立ったら勝手にからだが動いてしまうのが彼の特徴だった。

自治会の了承を取りつけ、地域の消防や市役所などにも協力を要請した。中国人にも理解してもらうよう、通訳の手配もした。

そして、防災講習会の開催を知らせるチラシをつくった。

「これを団地内で手渡しで配布したんです」

開催日まで連日、チラシを抱えて団地内を歩き回った。日本人、中国人、双方に声をかけて手渡した。

「そうしたことが珍しかったのでしょう。多くの人が手に取ってくれました。中国人は団地の行事に無関心だといわれていましたが、まったくそんなことはなかった。むしろ、積極的に会話してくれる人が多かった。これをきっかけに僕の顔と名前を覚えてくれた人もいます」

同年七月。防災講習会の当日には約七〇名が集まった。そのうち中国人は二割強だった。

「僕としては大成功ですよ。もちろん相対的に数は少ない。日本人も中国人も、参加してくれたのは住民の中でもごく一部です。でも、とにかく集まってくれた。しかも祭り以外の団地行事に中国の人が足を運んでくれることなんてそれまでなかったのです」

何かが変わるかもしれないと岡崎は思った。いや、これを契機に変えていかねばならないと決心した。

学生たちが土台となった

こうした岡崎の〝活躍〟に、少しずつ刺激を受けた人々が増えてくる。

団地商店会から相談を受けたのは、防災講習会を終えてからしばらく経ったころである。日中の住民交流を目的としたイベントに協力してほしい、という要請だった。彼は快諾した。どんな形であれ、人が集まるのは良いことだ。それは、防災講習会で得た結論だった。講習そのものよりも、岡崎はそこで中国人ひとりひとりの顔に接したことが収穫だと感じていた。

顔は大事だ。数字でも統計でもデータでもない。生身の、血の通った人間が、体温を持った人間が、目の前にいる。それを感じたことが重要だった。

彼はさらに、イベントを盛り上げるための〝仕掛け〟を考えた。それは、若者の動員だった。

「団地に住む日本人は高齢者ばかりです。それでは日中両方の人間が集まっても、高齢者と若年層という〝区分け〟ができてしまいます。両者の橋渡しができるような日本の若者の存在が必要だと思ったんです」

目を付けたのは国際交流に関心を持つ大学生だった。どこに住んでいても構わない。とにかく団地に足を運んでもらい、イベントを手伝ってほしい。イベントのときだけでも交流に積極的な若者が集まれば、それだけで団地が活性化するのではと考えた。

とはいえ、すでに社会人として一〇年以上過ごしてきた岡崎には何の伝手《つて》もなかった。

そうした学生にアクセスできる方法はないかとネットで調べているうちに、最近の大学には「社会連携」という部署があることを知った。これは学生が社会の様々な活動とつながるための窓口だ。大学生という〝資源〟を社会（地域や企業、団体）が活用することで、学生の側もまた、社会貢献することができる。学外教育の一環として、主要大学の多くが積極的に社会連携窓口の存在を広報している。

岡崎はネットで主要大学の窓口をチェックし、それぞれに連絡した。

だが——結果からいえば、思うようにことは進まなかった。

どこの大学に電話を入れても、社会連携の担当者とはこうしたやりとりをすることしかできなかったのだ。

——団地のイベントに協力してほしい。

「あなたが所属する組織は？」

――特に組織には属していません。個人としてお願いしています。

「では、難しいですね。それに予算はありますか？」

――予算？　特に用意していません。

「それではますます難しいですね」

どうにもうまくいかない。挫折《ざせつ》しかけたときに、ある大学の社会連携担当者がヒントをくれた。

「地域づくりなどを教えている先生に直接、当たってみてはどうか」

膝《ひざ》を打った。なるほど、その手があったか。

思いついたら行動は素早い。地域づくり研究の第一人者を片っ端からチェックし、メールを送った。いくら待っても返信がない。ならば、押し掛けるしかないだろう。岡崎は面識もない大学教授の研究室をアポなしで訪問した。

そのひとりが早稲田大学で地域社会研究や多文化共生事業を教える浦野《うらの》正樹《まさき》教授だった。

唐突に訪ねて来た岡崎を、浦野は追い返すこともなく、自らの研究室に招き入れた。熱心に説明する岡崎に、浦野はこう告げた。

「それ、うちのゼミで発表してください」

こうして、岡崎は学生の前で芝園団地で取り組んでいること、イベント計画の中身について話すことができたのだ。

興味を持ってくれる学生がいた。すると、その学生が、同じように地域振興などを研究テーマとする別の教授の存在を教えてくれた。すぐさまそこへ足を運ぶ。同じように学生の前で説明をさせてもらう。

その繰り返しで、いつしか七人の学生が「芝園でイベントの手伝いをしたい」と申し出てくれたのであった。

この学生たちが〝土台〟となり、その後、芝園団地における多文化交流を、岡崎とともに牽引《けんいん》していくことになる。

「違いは壁でも境界でもない」

一四年一〇月、団地商店会主催の秋祭りイベント「にぎわいフェスタ」が開催された。ここで、中国人住民が「水餃子店」を出店した。外国人住民のみによる出店はこのときが初めてである。自治会、学生たちの広報活動の成果だった。

岡崎は、日本人住民だけのイベントにはしたくないという思いが強かった。中国人住民は「お客さん」ではない。ともに団地で生きている〝隣人〟だ。あくまでも〝主体〟として参加してほしいと願っていた。

イベント前、学生たちと一緒に、団地住民に声をかけた。一緒にイベントを「つくらないか」と説いた。

そのころの岡﨑には、前述した防災講習会で一部の中国人と知り合う機会を得たが、それ以外に人脈はない。

目を付けたのは中国人住民だけで組織されているバドミントンサークルだった。ここに参加すれば、会話のきっかけくらいはつかめるかもしれない。

そう考えた岡﨑はラケットとスポーツウエアを購入し、サークルに飛び入りで参加した。バドミントンの経験などまるでない。ルールも知らない。中国語だって話すことはできない。できるのは、臆《おく》することなく壁を乗り越えることだけだ。

真新しいウエアに身を包んで岡﨑はサークルの輪に飛び込んだ。ラケットをろくに使いこなすこともできないこの闖入者《ちんにゅう》を、中国人たちは歓迎した。

彼もまた、学ぶことになる。日中両住民の間に最初から壁が築かれているわけではないし、境界線が引かれているわけでもない。両者を分かつ何かがあると、みんなが思い込んでいるだけなのだ、と。

「文化、習慣、言葉、どれもが違う。でも、違いを理解したうえで、普通に付き合えばよいだけなんですよね。同じ地域でともに生きているのだという共通点こそ重要なのではないでしょうか」

この秋の「にぎわいフェスタ」で登場した水餃子店は、バドミントンサークルで知り合った中国人が中心となってつくられたものだった。また、中国人の子どもたちがコーラスを披露するなどした。初めて中国人がイベントの〝主体〟となった。

渦中に飛び込み、巻き込み、引き寄せ、ともに進む。岡崎の無謀さは、団地のなかにある見えない壁を、いまも少しずつ壊している。

芝園かけはしプロジェクト

一八年五月六日、芝園団地自治会の総会が開催された。

活動報告をおこなったのは岡崎だった。これまでの取り組みを説明し、これからも共生の道を進もうと訴える彼の姿は、参加者に自信と期待を抱かせた。

さらに、私が注目したのは、まず、一八年度の自治会役員に中国人住民が選出されたことだ。

あらたに役員となったのは中国・上海《シャンハイ》出身の大学院生、許佳辰《きょけいしん》（二九歳）。現在、就職活動中だ。来日したのは二〇一一年。当初は名古屋《なごや》大学で電子工学を専攻していたが、同大学院に進んでから社会学に興味を持った。日本における中国人集住地域をテーマに博士論文を書くため、一七年に名古屋から芝園団地に移り住んだという。

芝園団地についてはネットで知った。中国人住民が多いというだけでなく、日本人住民とともに共生を模索していることにも興味を持った。

「最初から自治会活動に参加してみたいと思っていました。住民交流というものを、主体として、肌で感じたかったんです」

そうした意欲を喜んで受け入れてくれるのが、岡崎が入居して以来の芝園団地の空気感である。

「僕たち中国人は若い世代が多い。一方、日本人世帯は高齢者が中心。つまり、僕らは体力で貢献できるし、高齢者は経験と知力で貢献できる。互いを補うことができるのですから、最高のマッチングだと思います」

許は、国籍の違いも世代の違いも、まったく負の要素としてとらえていない。むしろ、凹凸を合わせるのに必要な存在として理解している。誰もが持ち得なかった発想だ。

「僕が自治会に関わることで、他の中国人住民にも、団地の在り方に興味を持ってもらえるかもしれません。楽観はしていませんが、困難も承知の上です」

若さは、ただそれだけで素晴らしい。そう思わせる許の言葉は岡崎同様、「巻き込む力」を感じさせた。

そしてもうひとつ。自治会総会で私が注目したのは、団地居住者でもない学生たちによる活動報告がおこなわれたことだった。

「みなさんと一緒に団地づくりに関わっていきたい」

そう訴えたのは「芝園かけはしプロジェクト」のメンバーである。

大学生を中心とする「芝園かけはしプロジェクト」が結成されたのは一五年二月のことだった。芝園団地における住民同士の交流を促進し、高齢化に伴う問題解決や多文化共生に取り組むことを目的としたボランティア組織である。一四年の「にぎわいフェスタ」で岡崎に誘われ、ボランティアに参加した学生を中心につくられた。

「もともと街づくりに興味がありました。地域活性化のためになにか自分にできることもあるのではないかと思って参加したんです」

そう話すのは、プロジェクトの創設に関わった東京大学大学院生の圓山王国《まるやまおうこく》である。いまはプロジェクトの代表を務めている。

他のメンバー同様、関わりを持つまで、芝園団地の存在すら知らなかった。団地暮らしの経験もない。だが、大学で都市工学を専攻してきたことから、地域社会の在り方には興味と関心を抱えていた。

「友人に誘われ、一四年の『にぎわいフェスタ』にボランティアとして参加しました。その際、住民の方々と話をしながら、団地の可能性を感じたんです」

団地はたんなる集合住宅として機能しているだけではない。そこに生きる人々が結びつくことで、息遣いの響く〝街〟へと発展する。それが圓山がいうところの「可能性」だ。

「要するに〝街づくり〟の醍醐味《だいごみ》に惹《ひ》かれたんです。さらにいえば、住民の半数近くは高齢者、残り半数が外国人という住民構成も、いまの日本社会の縮図のようにも思えました」

圓山は、いや、学生たちは、高齢者と外国人を、異なる二つのカテゴリーに区分して考えることをしなかった。分断は発展の阻害要因でしかない。では、亀裂を防ぐためには何をすればよいのか。学生たちはそれぞれの観点から、与えられた宿題に答えを見出《みいだ》そうとした。

ヘイトスピーチを昇華する

「にぎわいフェスタ」を通じて知り合った学生たちは（都内から七大学の学生が集まっていた）、今後も芝園団地と関わり続けることを決めた。一〇人ほどの学生たちだった。全員が芝園団地外に住んでいる。それゆえに、「フェスタ」を通して団地が抱える問題に触れたことで、新鮮な「発見」を得たのと同時に、ある種の使命感をも感じていた。

だが、高揚はあっても未熟で青い情熱は、手段も目的も容易には見つけることができない。抱えていたのは「何かしたい」「何かできないか」「何かできるはず」という、荒削りの使命感である。

彼ら、彼女らは、定期的に蕨駅近くのレストランに集まり、話し合いを重ねた。

「侃々諤々《かんかんがくがく》の議論がありました。地域のために何かをしたい、街づくりに貢献したい、そのような思いは共通しているのですが、どこか漠然としていて、何をしたらよいのか、まるで思いつかなかった」

地域振興を考える学生がいた。多文化交流に興味を持つ学生がいた。高齢者問題に関心を寄せる学生もいた。社会貢献そのものに意味があるのだと考える学生もいた。

意見をぶつけあうだけの日々を経て、徐々にイメージが固まってくる。ひとつの方向性が見えてきた。

つなぐ──。世代や出自とは関係なく、芝園団地に住んでいる人々を結びつける。そうすることで、団地という無機質な集合体が〝生きて〟くる。他者と一緒に生きているのだという実感が芽生えてくる。立場の異なる人々をつなぐために必要な〝かけはし〟を自分たちで担おう。

その発想で「芝園かけはしプロジェクト」が誕生した。

では、まずは何から手を付けるべきか。

学生たちが団地内を歩き回る中で、気になって仕方のなかった風景を変えることから始めることにした。

それは、団地の共用スペースに設置された木製のテーブルである。もともとは住民の団欒《だんらん》目的に設置されたものだった。だが、このとき、このテーブルを利用する住民はほとんどいなかった。

落書きのせいである。木製テーブルは、黒マジックによる落書きで埋め尽くされていた。しかも、ただの落書きではない。

「中国人は中国へ帰れ」「売春婦」。目にするだけで吐き気を催しそうなヘイトスピーチでテーブル一面が染まっていたのだ。誰が書いたのかはわからなかった。団地内の者なのか、それとも団地外の者なのか。いずれにせよ、落書きは亀裂と分断の象徴である。排除のシンボルでもある。そこに放置されていることじたいが、団地の可能性をつぶしていた。

「ですから、これをみんなで消そうということになったんです」

学生たちだけで消すのであれば意味がない。団地住民に声をかけた。子どもにも大人にも。日本人にも外国人にも。

ヘイトスピーチで埋められていたときの共用テーブル

アートに塗り替えられたテーブル

二〇一五四月。数十人が集まった。みんなで落書きを消した。ただ「消した」だけではなかった。せっかく多くの人が集まったのだ。それを「アート」に発展させた。

「ペンキでテーブルを塗りなおしたうえで、そこに住民たちの手形をペイントしたんです」

主に子どもたちが自らの手形を残した。それは、「ここに人が住んでいる」という証《あかし》でもある。色とりどりの掌紋が、テーブルにこびりついた差別と排除の腐臭を拭《ぬぐ》い去った。

さらに同年の夏祭り。プロジェクトとしての参加は初めてである。

学生たちが挑んだのは、ありがちな屋台ではなく、団地商店街の広場でランタンを灯《とも》すといったイベントだった。

ペットボトルに絵の具を溶かした色水を流し込み、ライトを下から当てると、まるで地上に星が降り積もったかのような幻想的な光景を生み出す。学生たちはこれを「天の川」に見立てた。

「日本ではよく知られた七夕伝説は、実は中国発祥の物語だとされています。中国から日本に伝わり、さらに日本に古くから存在した伝説と融合した結果、織姫《おりひめ》と彦星《ひこぼし》の話が生まれたようです。語り継がれてきた七夕伝説は、まさに日中合作。これを再現することは芝園団地にふさわしいと思いました」

ランタンは主に団地に住む子どもたちの手でつくられた。

夕闇の広場に淡い光の帯が浮かぶ。ペットボトルの天の川。何かを隔てるものではなく、まさに出会いと融合を意味するものだった。この静かなメッセージは夏祭りに参加した住民の心を揺さぶった。けっして団地に住んでいるわけではない「よそ者」たる学生たちの存在感が強まった瞬間でもある。

意味もなく使われた団地の外観

その後もプロジェクトは試行錯誤を重ねながらも、様々な取り組みを続けている。

たとえば一五年からは毎月一回、主に高齢者を集めた「芝園サロン」を開催するようになった。芝園団地でも他団地同様、単身高齢者が増加したことで、孤独死の問題も深刻化している。防止策は交流の機会をつくる以外にない。お茶会、落語、三味線の会など、毎回、様々なイベントを設け、住民同士の「つながり」を広げている。

また、一六年二月からは「多文化交流クラブ」と名付けた活動も始めた。日中の相互理解が目的だが、とくに肩肘《かたひじ》張った学習会を開催しているわけではない。一緒に料理したり、ゲームを楽しんだりと、とにかく異なった土台を持つ人々が触れ合うことに重点を置いている。「大事なのはイベントの中身だけでなく、企画段階からたくさんの人に関わってもらうことにあります。僕らはこれを『プロセスからの交流』と呼んでいます。顔を見て、議論する。アイディアを出し合う。その過程こそが、多文化交流の最大の醍醐味ではないかと思うのです」

他にも、教育熱の高い中国人家庭のために学習・進路相談の場を設けたり、中国人住民を講師とした中国語教室を開催したりと、交流の機会を次々と生み出した。

もちろんすべてがうまくいっているわけではない。交流そのものに無関心な人は、まだまだ少なくない。毎回のイベントに足を運ぶ人も限られている。

私が団地内を歩きながら住民に話を聞いても、「興味ない」と答える中国人もいれば、中国人住民の増加に対し、いまだ冷ややかな日本人住民も多かった。

世間の視線は相変わらずだ。

一八年五月一三日、TBSが日曜午後に放映したバラエティ番組「噂の!東京マガジン」は、川口市内で急増する中国人を特集した。

タイトルは「町に中国人が急増!・恐怖の乱闘騒ぎとゴミ問題」である。特集コーナーは「今回は、年々増えている中国人移住者によるトラブルです」「多くの日本人の住民の方々が悩まされているといった問題です」と司会者が述べた後に、〝現地取材〟の映像が流された。

西川口駅周辺で中国人が経営する飲食店が増えたことで治安が悪化し、ごみの不法投棄も増えているといった内容のなかで、唐突に芝園団地も登場する。芝園団地で問題が生じているといったことが報じられているわけではないが、中国人同士による乱闘シーンに続けて、人口急増のシンボルとして芝園団地の映像が挿入されることで、視聴者には暴力や無法と結びついたイメージを与えることとなっただろう。

うんざりした。あきらかに中国人への嫌悪を煽るものだった。「このあたりは中華人民共和国ではなく、西川口人民共和国」といった、地域住民の「声」まで紹介されている。

確かに暴力も不法投棄も軽視すべきものではない。問題は問題として対処すべきことだろう。では、西川口の盛り場における治安悪化はいまに始まったことなのか。西川口はかつて、風俗の街として知られていた。NKなる隠語は、西川口でおこなわれていた違法な〝本番風俗〟を表すほどに、その筋では有名だった。その風俗街が摘発によって壊滅状態となり、違法風俗に代わって登場したのが中国人経営の中華料理店だったのだ。

そうした経緯が番組でも紹介されているが、特集を貫くのは「中国人によって町の治安が悪化した」というトーンである。では、街の各所に呼び込みが立ち、違法風俗店であふれ、本番風俗の聖地であるかのような不名誉な隠語で呼ばれていたかつての西川口がよかった、とでもいうのだろうか。

番組が描き出したのは、街を暴力とごみで塗り替える中国人、というイメージ以外のなにものでもない。

ましてや芝園団地の映像を意味なく挟み込む必要があったのだろうか。

実は、同番組の取材班は二度にわたって芝園団地を訪ね、ごみ問題に関して自治会関係者などに話を聞いている。

その際、自治会関係者は「外国人が捨てたというよりも、外部から捨てに来る人がいる」という説明をした。

取材班は、これではネタとして使えないと判断したのだろう。その部分はすべて編集でカットされ、団地の外観だけが意味もなく使われたのだ。

せっかく芝園団地まで足を運びながら、取材班は同団地が必死で取り組んでいる「つなぎ合い」にはまるで関心を示していない。中国人はあくまでも日本の風景を汚す存在でなければならなかったのだ。

前出の岡崎も、プロジェクトの代表者である圓山も、そして、そこに賛同する団地住民も、必死で団地再生に取り組みながら、こうした偏見とも対峙しなければならないのだ。

「共生」も「環境」も守る

けっしてトップダウンでおこなわれる街づくりではない。特に学生たちは資力もない。すべての住民に理解されているわけでもない。不完全で、行き当たりばったりの知恵と情熱だけで、街づくりに取り組んでいる。すぐに結果を獲得できるわけでもない。イベントで盛り上がるのも、その場だけの一瞬のことに過ぎないという見方もある。

だが、「つなぐ」ことの重要性を、圓山たちは確信している。

「落書き消し、天の川イベント、さらには多文化交流の様々なプログラムを続けていくなかで、少なくとも芝園団地に新しい風景をつくり上げることには成功したと思うのです。そして、多文化共生と団地の環境を守ることは、けっして対立するものではないんだ、という確信だけは得ることができました」

それは日本中の団地が抱える問題への解答でもある。

各地の団地を取材で訪ねると、優先すべきは「共生」か「環境」かといった議論を耳にする機会が少なくない。だが、その二つを同時に進めることは矛盾するのだろうか。

芝園団地のある中国人住民は、私の取材に対し、次のように答えている。

「日本人の知人が増えたことで、ごみの出し方も知った。同時に、我々中国人を怖がっている人に対し、けっして中国人は怖い存在ではない、当たり前の人間であることも知ってもらえた」

相手の立場になりきって心情をすべて理解することが大事なのではない。ここに住んでいる。同じ社会でともに生きている。違いがあっても、隣人として暮らしている。「つなぐ」ために奔走する人々を見てきたなかで、必要なのは、そうした意識だけでよいのだと私は考えるようになった。

住民同士が互いの違いと共生の意味を知ったとき、団地は新しい風景を生み出すに違いない。

一八年初め、芝園団地自治会は国際交流に貢献した団体などに贈られる国際交流基金の「地球市民賞」と、県の「埼玉グローバル賞（地域国際化分野）」に、相次いで選ばれた。日本人住民と外国人住民の交流の場を積極的に設け、共生の実現に努めている点が高く評価されたことによる。

芝園団地は、新しい地平に向けて、ゆっくりと動き出している。

第四章

パリ、移民たちの郊外

——レッテルを塗りつぶす

パリ郊外、サルセル団地のマルシェ（市場）

移民の街へ

パリ北駅から乗った列車は、フランスの玄関口であるシャルル・ド・ゴール空港駅が終着駅だ。高速郊外鉄道（RER）に乗り換えると、スーツケースを引きずった客が散見されるものの、生活者のありふれた日常が車内を支配している。白人の姿を見かけることはほとんどない。乗客の多くはアフリカ系やアラブ系の人々である。

車窓に流れるのは単調な景色だ。どことなくくすんだ空気の中に、工場や集合住宅が延々と連なる。

パリだ。紛《まご》うことなきパリだ。エッフェル塔も凱旋門《がいせんもん》もコンコルド広場もカフェが軒を連ねる石畳の小道も見えないけれど、それでもパリだ。ガイドブックには載らない、もうひとつのパリだ。

列車は荒涼とした風景の中を進む。北東へ。移民の街へ。

フランスを訪ねる日本人観光客にとって、パリ中心部と近郊の街を結ぶRERの評判は芳しくない。車内治安の悪さを訴える声が過剰に喧伝《けんでん》されている節があり、「できれば利用しないほうがよい」と記されたガイドブックまで存在する。

「何を大げさな」とパリになじんだ在住邦人は一笑に付すわけだが、旅慣れていない観光客にとって、軽い緊張を覚えずにはいられない一瞬があることも事実だろう。

最近は少なくなったというが、物乞《ものご》いが車内を〝巡回〟することもあれば、大音量でラップを聴かせたあげく、強制的にギャラを徴収する手合いもいないわけじゃない。

だが、それだけの話だ。寝たふりでもしていれば、物乞いもラッパーも、あきらめて素通りする。痴漢やスリどころか強姦《ごうかん》事件まで起きる日本の鉄道以上にスリリングというわけでもない。

ネットの掲示板やガイドブックで知った風な〝警告〟を発する者たちの本音は、おそらく乗客の〝人種〟に対する偏見ではあるまいか。

高速郊外鉄道の全線は、パリ市内から郊外へと続く。

フランスにおいて「郊外」とは、場所としての概念を超え、「移民」のメタファーとして存在する。家賃の安い団地が林立し、移民集住地域として知られるパリ郊外を、多くのメディアは「テロの温床」「犯罪多発地帯」だと指摘してきた。低所得者層の移民が集住する「ゲットー」であると報じ、「イスラム過激派」との関わりを疑われる危険地帯であると紹介してきた。

だからこそ高速郊外鉄道は「移民」に紐《ひも》づけされる。何が起きるのかわからない、何があるのかわからない、暗黒の街へと鉄路が続く。観光客どころか、パリ市民の一部でさえ、そう信じている。

団地は差別と偏見の触覚だ

団地を案内してもらえないか――私にとっては数少ないパリ在住の知人にそう持ち掛けた際、ほぼ全員が「怖い」と尻込《しりご》みした。

無理もなかろう。「郊外」の団地がニュースになるとき、それは多くの場合、暴力とドラッグ、そしてテロリズムが同時に語られる。

二〇一五年のパリ同時多発テロの犯行グループの数名も、同年に起きた週刊紙本社銃撃事件の実行犯も、郊外の団地で生まれ育った。日本の新聞はこうした団地を「テロリスト予備軍が育つ場になると同時に、襲撃の前線基地としても機能していた首都郊外」と報じている。

二〇〇五年には、パリ郊外クリシー＝ス＝ボワの団地において、強盗事件を捜査していた警官が北アフリカ出身の若者三人を追跡したところ、逃げ込んだ変電所において若者二人が感電死するといった事件が起きた。これをきっかけに団地に住む若者たちが警察官に投石するなどし、内戦さながらの暴動へと発展した。当時のサルコジ内相（後に大統領）が、暴動参加者を「社会のくず」と呼んだことは記憶に新しい。

郊外の団地は「くず」の集住地として、あるいは秩序の空白地として、フランス人の一部に認知されることにもなった。

それは、日本の団地の現在の立ち位置と二重写しとなる。

すでに他の章でも触れた通り、日本の団地は「多文化共生」を模索している。

私は、それを素晴らしいことだと認めつつ、しかし、実現の困難さをも目の当たりにしてきた。

団地ではいま、高齢者住民と外国人の間に深刻な軋轢《あつれき》が生まれている。異なった生活習慣と文化を持った人々への嫌悪（ゼノフォビア）は、まだまだ日本では根強い。

そこに加えて、日本社会の一部で吹き荒れる排外主義の嵐が、団地を襲う。

団地に住む外国人住民と右翼団体の些細《ささい》なトラブルが、大抗争に発展した事件もあった。

「外国人は出て行け」

そう叫びながら団地に押し掛けて街宣活動をおこなう極右団体まで登場した。

極右団体の代表は私の取材に対して「日本は日本人だけのものだ。外国人の好き勝手にはさせない」と怒りを込めて話した。

団地の中で外国人を蔑視《べっし》、中傷するようなチラシが貼られていることも少なくない。ネット上では、団地がまるで外国人の犯罪多発地帯であるかのような書き込みも目立つ。

団地は排外主義の最前線だ。差別と偏見の触覚だ。

だから——パリ郊外の団地に足を運んだ。

排外主義と孤立化のなかにある団地の現状を知りたかった。日本の団地の近未来を暗示しているとは思いたくない。だが、風景はどこかで重なる。

私は二〇一六年春にパリへ飛んだ。高速郊外鉄道の起点でもあるパリ北駅近くの安ホテルを根城に、いくつかの団地を回った。

ブランメニル団地

パリ北駅から約一五分。高速郊外鉄道はドランシーの駅に着いた。セーヌ・サン・ドニ県のほぼ中央。ここまで来ると、すでに私が知っているパリの姿はない。華美な街並みは、ドランシーにまでは及ばなかった。

パリの郊外は、一般的に想像される「中産階級のベッドタウン」といったイメージとは程遠い。小さなカフェとハラール食品を扱う商店が並ぶだけの駅前通りは、どこか寂寥《せきりょう》感が漂う。道ですれ違う人もアラブ系、アフリカ系の顔立ちであることが多い。

セーヌ・サン・ドニ県は「移民の街」だ。

住民の約三割が外国籍住民だといわれる（フランスの国籍法は、フランス生まれの外国人の子どもには一八歳、成人になると自動的に国籍が付与される。そのため公式には「移民二世」という概念はないとされている）。研究者によると、二〇一一年時の調査で一八歳以下の五七％、さらに新生児の約六五％が外国出身の親を持っているのだという。そしてセーヌ・サン・ドニ県人口の七五％が「移民一世とその子孫」だという指摘もある。

さらに移民とその家族のほとんどが「団地」住まいだ。

二〇一五年一一月一三日、パリ中心部のバタクラン・コンサート・ホールが武装した若者たちによって襲撃され、八九人の死者を出した。襲撃犯のひとりは、ここドランシーに住む二八歳の青年だった。

アルジェリア移民の二世である。ドランシーの団地で生まれ育った青年は特に非行歴・犯罪歴もなく、成人してからはパリ交通公団バス運転手として働いていた。青年は一〇年からモスクに通い始め、イスラム原理主義に傾倒していく。そのころから白い民族衣装を身に着け、女性へのあいさつを拒むようになったともいう。

報道によれば、一三年にシリアに渡航し、ＩＳＩＬ（ＩＳ、イスラム国）の戦闘員になった。

この事件に限らず、欧州内で起きる「テロ」実行犯の多くは、青年同様に欧州育ちの「ホームグロウン」のエスニックマイノリティである。しかもほとんどが団地出身なのだ。団地が「テロリストの巣窟《そうくつ》」だと思われる所以《ゆえん》である。

ドランシー駅からバスに乗り、さらに二〇分ばかりの場所に、私が目指すブランメニル団地があった。

低層、高層の住宅が建ち並ぶ。住民人口一万二〇〇〇人の巨大団地だ。

各棟の前には駐車場があり、隙間を埋めるように芝生が敷かれている。小規模な公園が点在し、一部の棟は一階部分に商店が入居していた。

風景じたいは日本の大規模団地と変わらない。多摩《たま》ニュータウン（東京）や千里《せんり》ニュータウン（大阪）を連想させる佇《たたず》まいだ。

ブランメニル団地に足を運ぶ前、私はパリに住む少なくない人から多くの「忠告」を受けていた。

「気を付けたほうがいい」

「現地に住むボディーガードを用意したほうがいい」

聞けば、パリ郊外でも「もっとも危険な場所」だと認識されているという。

日本の団地と変わらないブランメニル団地の風景

そうしたことから、軽い緊張を覚えながら団地に足を踏み入れたのは事実だ。先入観が足取りを重くする。

だが、そこには拍子抜けするほどに間延びした空気が流れていた。

銃声が聞こえるわけでもないし、目の前で麻薬が取引されるわけでもない。

人が歩く。子どもが走り回る。買い物帰りの主婦と思《おぼ》しき女性が家路を急ぐ。空き地で退屈そうに座り込む若者グループがいる。団地に入居する商店の多くはシャッターを下ろしたままとなっていたが、それとて、落書きがフランス語である以外、日本と変わらない。

それだけの風景だ。つまり、目の前に広がるのは当たり前の「日常」だった。

もちろん林立する高層住宅の奥深くに、一見《いちげん》の者には触れることも見ることもできない闇があるのかもしれない。だが、テロリストがテロリストであることを示す名札を付けているわけでもなければ、ましてやここは戦場でもないのだ。ここは生活の場だ。死ぬために生きる人の場所ではなく、生き続けるための場所である。人が住む場所に天国も地獄もない。

考えてもみれば、親切な「忠告」の主たちは、誰もこの団地を訪ねたことがないのだ。偏見が団地をブラックボックスの中に押しやっている。おどろおどろしいイメージが独り歩きする。

その偏見の要《かなめ》となるのは、この団地の住民のほとんどが、移民とその子孫であるということだろう。いわゆる「白人」の姿を見かけることはない。多くはアフリカ系、アラブ系の人たちである。

パリの〝もうひとつの顔〟

団地で出迎えてくれたのは地元で社会活動を続ける二人の女性、「移民と郊外の運動（MIB）」メンバーのクリステル・ハソンとズィーナ・メドゥールだった。二人ともアルジェリア移民の二世である。

彼女たちはフランス移民社会の研究者として知られる森千香子《もりちかこ》（一橋大学大学院社会学研究科准教授、現在は同志社大学社会学部教授）の紹介だった。

森はフランスにおける「郊外研究」の第一人者であり、一六年に出した『排除と抵抗の郊外～フランス〈移民〉集住地域の形成と変容』（東京大学出版会）で、優れたフランス研究者に贈られる渋沢《しぶさわ》・クローデル賞特別賞を受賞している。

フランスでの滞在歴も豊富で、パリにはブルー・ブラン・ルージュ（トリコロール）以外の色彩があることを最初に私に教えてくれた人物でもある。

彼女曰《いわ》く、パリを覆うのはブランではなく「ブール」だという。ブールとは「アラブ」を逆さまにした読み方で、アラブ系移民が自分たちを表現する言葉として自称するようになったという。マイノリティであることをよりポジティブにとらえた名称だ。彼女が伝えるパリは「おフランス」といった言葉に代表される気取ったものではなく、常に雑多な人々の息遣いが響いていた。

そんな森が研究対象として付き合ってきたＭＩＢは、エスニックマイノリティに対する警察などの暴力に反対する団体で、主に郊外の団地住民によって組織されている。

〇五年、パリ郊外クリシー＝ス＝ボワの団地において、移民の若者二名が警察に追われて死亡した事件（前述）が起きた際、ＭＩＢが発表した緊急コミュニケは日本の社会運動家にも大きな衝撃を与えた。当時、コミュニケの邦訳版は運動関係のサイトを通じて拡散され、たまたま目にした私もまた、パリの〝もうひとつの顔〟を知る機会を持つことになる。

「悲惨の種を蒔《ま》く者は、嵐を収穫する」

そう題されたコミュニケは、次のように続く。

〈数年にわたる抑圧と侮辱ののちに、低家賃の公営住宅が集まる地区の若者たちは先鋭化し、クリッシースボワでのふたりの若者の死ののちに、まさしく都市ゲリラのごとく、行動に出た。彼らは一〇月二七日以来、警察と政府に立ち向かっている。彼らはニコラ・サルコジの辞任を求めている。

抑圧はエスカレートしていき、暴力の火に油を注いだ。シラクとドヴィルパンはイルドフランス全域と多くの都市部に非常事態を宣言した。庶民、つまり持たざる者や移民や貧困層の地区の住民は、このような事態、つまり、恐怖、人種差別、原理主義にエサが与えられる事態になったことの最大の犠牲者である。

サルコジは内務大臣になって以来、挑発を続けた。

――パリの老朽化した住宅で五〇人以上の死者を出した火災に対して、彼が指示したのは劣悪な居住環境にある者の立ち退きであった。

──非正規滞在者狩りを次から次へと行い、外見だけで尋問を行い、子どもすらがその対象となった。

──「社会のクズ」など、言葉による攻撃をしてきた。クリッシースボワのモスクのなかで女性の祈りの部屋に警察が侵入することを遺憾としなかった。

この「都市一揆《いっき》」は、こうした地区で政府がとってきた政策、スティグマ化、抑圧、仲介的な役割を担う社会的ストラクチャーの解体、予防措置の解体、低家賃の公営住宅を解体して、不動産投機をやりたい放題やらせ、失業率、とくに若者の失業率が記録的に高くなるなどの結果によりもたらされたものだ。

政府も責任を逃れられない。というのは政府は新自由主義的な改革を休みなく続け、社会的権利や公共サービスを崩壊させ、貧困を蔓延《まんえん》させた。近年の重要な社会運動や投票の結果（訳注：EU憲法の否決）も考慮しなかった。民主主義的に訴える方策は尽き果て、警察国家に近づいている。

貧困な地区の住民、若者、年寄り、フランス人、移民、失業者、働いている者、社会的に脆弱《ぜいじゃく》な立場に置かれている者、劣悪な住環境にある者、「持たざる者」の運動、市民団体、労働組合、誰もが以下のことを要求するために集まることを呼びかける。

──非常事態宣言を今すぐ撤回し、貧困な地区の抑圧をやめること。

——差別と人種主義を煽《あお》るような現在の政治をやめること。このような政策は強い者をより強くし、社会的不平等、失業、社会的不安定、住宅危機、貧困、社会的排除など、若者の都市蜂起《ほうき》の根本的な原因を拡大するだけである。

——すべての者が、平等、正義、(雇用、収入、住宅、教育、健康……など)の基本的な社会権にアクセスできるようにし、貧困と差別を根絶すること〉(稲葉奈々子《いなばななこ》訳)

私は「自由・平等・博愛」が及ばないフランスを知った。

クリステルもズィーナも、そのころからの活動家である。MIBメンバーとして、「エコー・デ・シテ(団地の響き)」という団地住民の権利向上運動を率いている。

〇五年当時、若者の死をきっかけに発生した暴動は、クリシー=ス=ボワの団地から、パリ郊外のすべての団地に波及した。ブランメニル団地でも若者たちと警察が激しい衝突を繰り返した。バスや乗用車への放火も相次いだ。しかし、怒りは正当に評価されることなく、メディアは「移民の暴走」として伝えるだけだった。

以来、郊外は、団地は、発火すればすぐにでも燃え上がる乾いた枯草の山として扱われる。

「赤い郊外」から「移民の郊外」へ

ブランメニル団地のはずれにある小さなカフェで、私は彼女たちと向き合った。

「もっと怖い場所だと思った」

率直に過ぎる私の感想に対して、ズィーナは軽く笑みを浮かべながら、首を横に振った。

「犯罪の巣窟ではないし、テロリストの拠点でもない」

ズィーナはそういって、ため息を漏らした。

「でも、そう見られているのは事実です。いまでも住民と警察の衝突は繰り返されている。ここが、レイシズムの矛先が真っ先に向けられる場所であることは確かですから」

第二次大戦後に本格造成されたブランメニルに移民が住むようになったのは六〇年代中ごろからだという。

当初は自動車関連産業に従事する労働者のための住宅だった。

フランスにおける団地の歴史は古い。一八五一年、急増する都市住民のためにナポレオン三世の音頭でつくられたパリ九区の「シテ・ナポレオン」がその源流だといわれる。その後、一八九四年に勤労者向けの安価な住宅の建設促進を定めた法律（シーグフリード法）が制定され、HBM（低廉住宅）と呼ばれる団地造成がフランス各所で進められることとなった。

第二次大戦後、その動きはさらに加速する。パリへの人口集中、ベビーブーム、さらには植民地からの帰国者などによって、住宅需要は増すばかりだった。フランスは国家を挙げて「団地づくり」にいそしむのであった。五八年には「市街化優先区域」が設けられ、大規模団地の建設が質より量を優先して進められるようになった。

赤い郊外――という言葉がいまでも残っている。工場労働者を中心とする郊外の団地住民は、フランス共産党の最大の支持基盤だった。冷戦期、西ヨーロッパにおける共産党の主要勢力はフランス共産党であったが、パリ郊外の団地が、それをしっかりと支えていたのである。

団地が革新勢力の金城湯池であった日本と、その点は共通している。

しかし七〇年代に入り、団地の風景は少しずつ変化を見せるようになった。

まず、オイルショック後に高度成長が終わり、失業が増えた。政府も「住宅の市場化」へ政策を変更し、これによって団地の修繕、保守管理が行き届かなくなった。政府は団地建設促進政策の失敗を認め、七三年以降は大規模団地の建設が中止された。

アルジェリア、モロッコ、チュニジア、西サハラの北アフリカ北西部に位置するアラブ諸国、いわゆるマグレブと呼ばれる地域からの移民が、フランス人が住まなくなった団地に入れ替わるように入る。一九五〇年代から増えていたマグレブ移民は都市のスラムに住んでいたが、スラムの撤去が進められ、郊外へ移らざるを得なくなったのだ。

さらに中東をはじめとするイスラム諸国からも多くの人がパリ郊外に移住した。

家賃が安価で入居基準も緩い公営住宅は、移民の多くにとってフランス社会への「足がかり」だった。

「赤い郊外」は「移民の郊外」へと変容していくのである。

「それは同時に排外主義とレイシズムの膨張をフランス社会の中に生み出すきっかけとなったんです」

ズィーナはそう言葉を続けた。

フランスにおいて排外主義の高揚が目立つようになったのは六〇年代半ばからだ。植民地であったアルジェリアが独立したことで、それを受け入れることのできない人々が、不満や苛立《いらだ》ちを移民にぶつけるようになった。七〇年代にはアルジェリア移民への暴行や殺害が横行し、アルジェリア領事館に対する爆弾テロも起きている。

こうした排外主義の高まりを受けて誕生したのが、ジャン＝マリー・ルペンが率いる政党・国民戦線だった。アルジェリア独立反対派を中心に結成された国民戦線は〝フランスの危機〟を訴えた。移民によって社会福祉も雇用も奪われると主張した。その結果、移民集住地域、つまりは「赤い郊外」の労働者層からの支持を得て、着実に勢力を拡大していく。いまや国民連合と名を改めたこの右派政党は、欧州議会において有力政党のひとつにまで成長した。

こうしてオセロの石をひっくり返すように、「赤い郊外」はレイシズムの波にのまれていくのである。

「見ればわかるでしょ。人が大勢住んでいるだけ」

移民は増え続けた。「赤」い人々は団地から逃げ出した。もともと「赤」に染まることのなかった一部の人々は、「敵」と対峙《たいじ》し、レイシズムの触覚をより先鋭化させていく。かつて団地を活動拠点としていた共産党の影響力も低下していく。共産党をはじめとする社会主義（および社会民主主義）政党は、勤労者のために機能する政党であり、移民問題には無力だった。雇用を守り、勤労者の賃金を上げることには努力したが、移民の権利向上には役立たなかった。

そもそも、移民には勤労者にすらなることのできない人が少なくないのだ。

ブランメニル団地では、九〇年代に住民の半数が移民となり、いまはほぼ一〇〇％が国外にルーツを持つ人々で占められている。

「だから政治からも見放されている」

そう言葉を引き継いだのはクリステルだった。

「共産党をはじめとする左翼政党は、少なくとも郊外においては白人中産階級の代弁者だと思われています。団地住民の中核をなすエスニックマイノリティからの支持は多くない。そうしたことから、団地はますます孤立していく。ブランメニル団地の失業率は四〇％近い。仕事を持っている人であっても、ほとんどは不安定な非正規雇用です。つまり貧困層がほとんどで、政治どころではない。食べていくので精いっぱいの状況なんです」

団地は、そうしたエスニックマイノリティ貧困層の受け皿となっている。

シャワー、トイレ、キッチンが備えられ、ベッドルームが二～三室。平均家賃は五〇〇ユーロ。自治体によっては、そこに家賃補助が付く。これだけの条件で住むことのできる集合住宅は、公営の団地以外にない。経済基盤を持たない移民の集住は当然だった。

しかしそれは同時に、フランス社会に偏見を植え付けることとなる。

貧困地域、犯罪多発地域、テロの温床――。

「見ればわかるでしょ。人が大勢住んでいるだけ」

クリステルはそういいながら、カフェの外に目を向けた。

夕暮れに沈んでいく団地が窓の外に見えていた。家々に灯《あか》りがともされていく。生活の匂いが漂ってくる。人間の息遣いが響いてくる。労働者にも失業者にも、あるいは麻薬ディーラーやテロリストにも夜は来る。夕食の時間がやってくる。

団地の窓から漏れる灯りは、営みの証拠だ。ここには人間が住んでいる。

「それでもフランスは、ここを特別な視線で見ている。なかでも警察は、団地住民を犯罪者や犯罪者予備軍のように扱う。当然、住民との衝突は珍しくありません」

ズィーナが再び口を開いた。

団地は治安を理由に権力から管理される場所なのだ。移民は監視の対象なのだ。警察による巡回が多いのも、住民を犯罪から守るためではない。

統合に漏れた人々が追いやられる

――人権と民主主義の国。そして自由、平等、博愛の国。トレランス（寛容）を重視する国。それがフランスですよね？

私はそう訊《たず》ねた。

ズィーナもクリステルも、そうだと頷《うなず》いた。そして、こう続けるのである。

「イメージだけでいえばね」

フランスはすべての人に人種、宗教の差異に関係なく平等を保障している。しかし一方で、少数者の集団的権利は認めていない。つまりは同化主義である。「フランス人」になることで、国家に従うことで、自由も平等も認められるのだ。

たとえば、フランスでは〇四年から公立学校でムスリムの女子生徒のスカーフ着用を禁ずる法律を施行した。伝統的な「ライシテ（政教分離・非宗教性）」の政策にのっとったもので、国家が、あるいは共和制が宗教から独立した存在であることを、同法では訴えている。

だが、ムスリムにとってそれは国家による信教の剝奪《はくだつ》以外のなにものでもない。

ズィーナはそれを「支配の論理」だといった。

「支配者にとっては、スカーフが問題なんじゃない。フランスに同化できない人の存在が問題なんです。かつて、アルジェリアでは、駐留するフランス軍人を中心に、イスラム女性のスカーフを剝《は》ぎ取る運動が起こされたことがあります。スカーフが〝反仏〟の象徴に見えたからでしょう。その記憶が、いまでも国内のムスリムには残っています。しかしフランスは、何事においても同化を重視し、異なった文化を認めない。自由と平等は同化の上で成り立っているのです」

その矛盾がもっともわかりやすい形で表れているのが、まさに団地という存在なのだ。そこはフランス人になりきることのできない人々の集まりである。いや、フランスから放逐された人々の住む場所なのだ。移民統合といった美しい掛け声のもと、統合に漏れた移民が隔絶された環境に追いやられているだけなのだ。

団地はパリの一部であり、パリのもうひとつの顔であり、そしてパリに認められない場所である。

団地をテーマとした映画

私たちはカフェを出て団地の中を歩いた。

「むやみやたらに撮影しないほうがいい」

カメラを取り出そうとする私にズィーナがそれとなく注意する。

カメラを盗まれるからではない。少なくない住民がメディアを敵視しているからだ。テロ事件以降、国内外のメディアがこの団地を訪ねることが増えた。「テロの巣窟」がどんな場所であるのか、それを世間に伝えるためだ。住民はそうしたメディアの意図を、目的を知っている。

ボディーガードを従えたメディアはムスリムをつかまえては「テロ」と地域の関連を聞き出す。学校帰りの少年にマイクを向け、買い物に出かける女性にカメラを近づける。同じ立場であれば私もそうするかもしれないなあと思いながら、しかし、それに怒る住民の気持ちはわかる。ただそこに暮らし、生きているだけの人間が、なぜに団地住民を代表してテロとの関わりについて話をしなければならないのか。カメラを手で遮り、呪詛《じゅそ》の言葉をひとつやふたつ、投げつけたくもなるだろう。

メディアはその瞬間を待っている。いや、狙っている。非友好的で、凶暴で、荒《すさ》んだ心の持ち主が暴れる「絵」を撮りたがっている。それでこそパリ郊外の団地にふさわしい。「テロの巣窟」という紋切型のテロップを流すにも、もってこいの構図だ。

パリの団地は、闇のごとく描かれる。

だから私はズィーナの忠告を受け入れ、少なくともその日は住民にカメラを向けることをやめた。

ただの通行人に徹してみれば、団地は団地でしかない。

私などには何の関心も示さず、人々がすれ違う。団地内では珍しいアジア人種であることに、ちらっと興味の目を向ける者がいないわけではないが、ただそれだけのことだ。

ズィーナたちは、団地の中心部にある「社会センター」に私を招いた。ありていにいえば

「集会所」である。三階建ての大きな建物だった。

「メディアは、こうしたところに足を運ぶことがありません。いや、訪ねてはみても、報道はしない。ここに刺激はないし、退屈な光景しかないから。暴力もないし、ドラッグもない。でも、ここもまた、団地の一部です。それも、非常に重要な」

ズィーナたちはそういいながら、センターの中を案内する。

学校の教室のような大きな部屋がいくつもあった。

ここでは様々なサークルが活動をしているのだという。

ダンス、柔道、空手、フラメンコ、コンピューター、料理。団地住民は、ここで趣味を楽しみ、あるいは技術を身に付ける。子どもたちにとっては放課後の遊び場でもある。図書室も完備され、一日中、本を読んで過ごす者も少なくないらしい。入場料も会費もない。すべて無料だ。これだけは革新市政の名残で、税金によって運営、維持されている。

「特に人気があるのはフランス語教室です」

ズィーナが教えてくれた。移民のなかにはフランス語を話すことのできない人も少なくない。社会で認められるには、まず、その国の言葉を学ぶ必要がある。言葉ができない移民はフランス語を学び、そして偏見の壁を少しでも崩して前に進もうと試みる。

センターの担当者が私に告げた。

「ここがフランス社会の入り口となることもあるのです」

そう、「フランス人」となる準備がここから始まる。フランスは基本的に移民を拒まない（外形上は、という意味だが）。望まれる人間だけに門を開く日本とは大違いだ。だが、フランス社会は同化できない「新フランス人」に厳しい目を向ける。

「だからこそ、本当は犯罪ともテロとも無縁に暮らしている普通の団地住民の姿を伝えてほしいと思っている」と担当者は付け加えた。

私に「パリ郊外の団地」に対する偏見がまったくないといえばウソになる。

ここを訪ねるまで、私の知識はほとんどが映画で仕入れたものだった。パリ郊外の団地をテーマにした映画は少なくない。なかでも『憎しみ』（一九九五年）、『アルティメット』（二〇〇四年）で描かれる団地の姿は衝撃的だった。暴力、ドラッグ、警察による過酷な弾圧——もちろんそこには移民たちの悲哀と苦痛が描かれてはいるのだが、必ずしも団地を訪ねてみようという気持ちにはなれない。

二〇一六年には、スリランカからの移民がパリの団地でマフィアの抗争に巻き込まれるという映画『ディーパンの闘い』が日本でも公開された。優れた映画である。移民の孤独、焦燥、そして小さな希望が描写される。一方、銃撃シーンをはじめ、目をそむけたくなるような場面も少なくない。

だが、ズィーナは「誤解を招く映画だと思う」としかめっ面を見せた。

「団地がまるで戦場のように描かれている。日常的に殺人が起きているかのような錯覚を観客に与える。少なくとも、ここに住んでいる人があの映画を歓迎するわけがない」

すでに、団地は漆黒の闇に包まれていた。すでに夜も遅い時間帯だ。ラップミュージックが響いている。駐車場に停めた車のラジオから漏れ出たものだ。その周りで、アフリカ系の若者がたむろしていた。

近寄り難《がた》いといえば、確かにその通りだ。一方で、日本においてもありふれた光景ではないかと思いなおす。

人が生きている。暮らしている。いいヤツもいれば悪いヤツもいる。

センターの担当者が続けた。

「そしてここには社会を変えていこうと、支えていこうと努力する人たちもいます。ぜひ、そうした人々の姿を見てほしい」

それは、パリ郊外の団地には必ず存在するアソシアシオンと呼ばれる住民運動である。

翌日、私はこの団地のアソシアシオンのひとつ、「スペランザ」の活動を取材することになった。

アソシアシオンが生きている意味をつくる

「変えたい」とソフィアンはいった。

彼は「スペランザ」の中心的活動家だ。

「団地住民に対する世間の見方を変えたい。そして、住民の意識も変えていきたい」

団地の一階部分、かつて商店が入居していたスペースに「スペランザ」の事務所はあった。

この日、事務所の中には、パンやチーズなどの食料品やミネラルウォーターが山積みされていた。事務所の奥のキッチンでは、大きな寸胴鍋《ずんどうなべ》でスープがぐつぐつと音を立てて煮込まれている。大勢の男たちがなにやらせわしなく動き回っていた。

「今夜、これらを配りに行きます。パリ市内で我々を待っている人がたくさんいます」

「スペランザ」は、団地内の貧困者対策だけではなく、野宿者への支援もおこなっている。日本的な表現でいえば〝炊き出し〟である。

いま、パリ市内ではシリアやイラクなどからの難民が各所で野宿者としての生活を強いられている。難民の多くは「仕事がある」とされるドイツやイギリスを目指しているので、パリは、いわば経由地に過ぎない。しかし独英両国ともに増加する一方の難民への対応が追い付かず、経由地であるフランスで足止めを食らう人々もまた増えてきた。公園で、高速道路の高架下で、難民たちはキャンプ同然の生活を送っている。仕事もなく、もちろん金もない。〝炊き出し〟こそが命綱である。

「困っている人たちを助けることで、自分たちの存在意義を再確認することも大事なんだ」とソフィアンはいった。

ブランメニル団地の住民たちが「スペランザ」を発足させたのは二〇〇九年のことだった。ソフィアンによれば、「誰かのために、というよりも、自分たちのためだった」。

団地住民は世間から差別と偏見の視線にさらされていた。自暴自棄となる者も少なくない。そんな人間であっても、移民でも、蔑《さげす》まれることの多い団地住民であっても、社会の役に立つのだということを実感したかったのだという。

たとえば――とソフィアンは話を続けた。

「フランス社会から疎外されている団地は、教育の現場からも見放されている。行政も教師も、団地住民の子どもたちの教育には熱心ではない。だいたい、ここの子どもたちは一六歳になると、教育現場から放り出される。では、その後はどこに行けばよいのか。将来を見通すことのできない子どもたちの一部は、ストリートに出て行くしかない。暴力やドラッグに手を出す者もいる。あるいは社会への怨嗟《えんさ》を、テロリズムで晴らそうと考える者だっているかもしれない。だから、必要なのは、とにかく生きている意味を与えること。それしかないんです」

ブランメニル団地では、二五歳以下の失業率は六〇%だという。有職者のほうが少ないのだ。希望がなければ、いま、この瞬間だけを考えて生きていくしかない。同じ境遇であれば、私だってそうする。

「だからこそのアソシアシオンなんです。ここは職場じゃない。給料なんて出ない。しかし、ここで活動することで、人に頼られる存在であることを実感できる。その喜びを、若者たちに伝えたいんですよ」

キッチンから香ばしい匂いが部屋の中に流れこんでくる。数人の若者たちが神妙な顔つきで寸胴鍋をのぞき込んでいた。

「味見をしないか」。促されて、紙皿によそったスープをいただいた。肉や野菜がたっぷり入ったミネストローネだ。うまかった。口の中で肉がとろける。

「手抜きはしない。難民の中にはこれだけで食いつないでいる人もいる。だからなおさら、おいしいものを食べてほしいんだよ」

若者のひとりがそういった。

彼らにとって、行くあてもなくパリの街中で野宿している難民の問題は、けっして他人事《ひとごと》ではない。彼らの両親も、あるいは彼ら自身も移住者なのだ。難民であったり、出稼ぎであったり、何らかの事情を抱えて、それぞれがそれぞれの物語を紡ぎながらフランスに降り立った。難民の姿は、ともすれば自身の姿と重なることもある。

「パンは盗むものではなく与えるものだ。ここで活動すれば、それが理解できるようになる」

ソフィアンはそう断言した。

難民に対する嫌がらせ

日が暮れる少し前、十数人のメンバーはそれぞれの車にパンとスープ、ミネラルウォーターやチーズ、紙皿を詰め込み、事務所を出発した。私もその日だけは「スペランザ」の一員として、彼らと同じ色のベストを身に着け、車に同乗した。

彼らは難民たちが野宿している場所を熟知していた。閉鎖された工場の軒下、空港近くの倉庫街、高速道路の高架下、パリ北駅の構内。それらを巡回しながら食料を配っていく。

車が停まるたびに、大勢の難民たちが食料を求めて群がってくる。なかには全速力で駆け寄る子どももいた。「スペランザ」の若者たちは、紙皿によそったスープやパンを手渡す。

「全員の分があるからちゃんと並んで！」

「ペットボトルはひとりにつき一本だから！」

大声で叫びながら、しかしなんとも楽しそうだ。

その場その場で全員に食料が行きわたったかどうかも確認する。病気で動けない人がいるかもしれない。そんなときは一通りの食料を抱えて、隅々まで見て回る。

パリ北駅の構内では難民だけでなく、白人のホームレスにも、あるいはロマの親子にも、温かいスープをふるまった。

団地住民であるがゆえに蔑まれることの多い者たちが、その日だけは頼られていた。感謝されていた。「メルシー」と声をかけられ、握手を求められていた。

ソフィアンがいうところの「存在意義」が十分に認められていた。

路上生活の難民を白眼視し、いや、そもそも視界に入らぬよう通り過ぎるだけのパリっ子とは違い、彼らだけが難民と向き合っていたのである。全力で。そして全身で。

倉庫街で食料を配っているときだった。

夜の倉庫街に、耳障りな警報音がずっと鳴り響いていた。発泡スチロールを爪でひっかいたときのような不快な音だった。

「これは難民に対する嫌がらせなんだよ」

そういってひとりの若者が頭上を指さした。倉庫のひさしに、小さなスピーカーが取り付けられていた。不快な音はそこから発せられていた。

「こうやって難民を追い出そうとしているんだ。これが、この国のやり方なんだ」

ギー。ギー。耳をふさぎたくなる旋律は止まない。これが一晩中、続く。

自由の国。人権の国。パリの郊外に不協和音が鳴り響く。ギー。ギー。

「そう、トレランス（寛容さ、公平さ）のフランスだよ」

ソフィアンは鼻で笑った。

「だから、国家に頼らずに私たちがつながるしかない。差別され、卑下され、社会から追い出されている私たちが、さらに社会から見捨てられた人を助けるしかないんだ。そこに加わることで、自分が生きている意味を見出《みいだ》すことができれば、それでいい」

「団地に足りないのは何だと思う？」

スペランザの活動は難民支援にとどまらない。いや、もっとも重要なのは、団地内の貧困対策だ。なんといっても失業者が有職者を上回る環境である。日本と比較すれば社会保障制度が充実し、福祉に頼ることへのスティグマが少ないとはいえ、それでもけっして十分な生活ができているわけではない。

深刻なのは食料事情だ。実は、万単位の人口を有する団地であるのに、商店がほとんどない（これは他の団地でも同様の状況である）。団地の一階部分はテナント用となっているが、その多くはシャッターで閉ざされている。移民の増加に伴い、商店が次々と「逃げ出して」しまったからだ。

となれば団地住民は遠方まで買い出しに行かなければならない。そのぶんコストもかかる。当然、それは食卓の充実度に大きな影響を与える。

そこでスペランザは考えた。安価な食料を貧困に苦しむ住民たちに分け与えよう――と。メンバーはパリ市内の食料品店を回り、賞味期限に近い、もしくは期限が過ぎて売り物とならなくなった品をタダ同然の価格で引き取った。それを団地住民に配るのである。もちろん、タダで配るわけではない。一回、三ユーロ。希望者はそれで、あらゆる食材を手にすることができる。

別の日。私はあらためてブランメニル団地を訪ね、スペランザによる〝食料配給〟の現場を取材した。

私が団地に到着したとき、すでに事務所の前には長い行列ができていた。八割ほどが、頭にスカーフを巻いたムスリムの女性だった。おそらく家庭の主婦なのであろう。彼女たちは、大きな買い物かごを手にしている。

事務所前に置かれた缶の中に三ユーロを投げ込んだら配給スタートだ。スペランザのメンバーたちが、買い物かごの中に次々と食材を詰め込んでいく。

食パン。野菜。果物。卵。缶詰。ミネラルウォーター。クスクス。これらをとにかく、ぎゅうぎゅうに押し込む。半端な量ではない。これだけあれば四人家族でも一週間はもつのではないかというくらいの大量の食材である。

パンパンに膨らんだ買い物かごを抱えながら、女性のひとりは「本当に助かる。飢えなくてすむ」と笑顔を見せた。

「遠慮しないで、これも持っていきなよ」

そう声をかけながら住民に野菜を手渡していたのはデム・ナリックという二五歳の青年だった。

「喜んでもらえるのがうれしいんだ」

彼もまた笑顔を見せた。この活動に参加して半年が経つという。

「仕事もないし、他にやることもない。ただ、こうして誰かの役に立っているのだと思えば、少しは生きている意味もあるかな」

私とデムのやりとりを横で見ていたソフィアンが、そこに加わった。

「こうしたボランティアだって、教育のひとつだと思っている。食材の配給だって、我々はプロフェッショナルを目指しているんです。いい加減にやっているわけじゃない。食材のチョイスも、量も、すべて計算しながら渡している。そこで学ぶことはいろいろとあるわけです」

もちろん、スペランザに参加する若者の数は、けっして多いとはいえない。二〇〇人以上の登録者はいても、実際に毎回の活動に参加するのは十数人だ。金になるわけでもないし、それで生活が豊かになるわけでもない。

「それでも――」とソフィアンが続ける。

「ドラッグにおぼれるよりはいい」

毎回、ボランティア活動ばかりしているわけではない。みなでメシを食う、ジョギングする、あるいは言葉が不自由な移民の子どもたちにフランス語を教えたりすることもあるのだという。

「団地に足りないのは何だと思う?」

ソフィアンは私に問いかけた。

彼は私が返すよりも早く「教育」だといった。

「〝学ぶ〟という機会を奪われてきた。だから学んで変わるという経験を知らない若者がほとんどです。スペランザの活動で、そのことを理解できればいいと思う。そうすることで団地全体も変わってくる。あとは社会が変わってくれることを祈るよ」

スティグマ

後日、私は高等師範学校でブランメニル団地に関して論文を書いた研究者、サミル・アジ・ベルガセムとパリ市内のカフェで会った。

サミルもやはり、団地における最大の問題点を「社会の視線」と、そして団地住民の「教育」だと力説した。

「団地は荒廃しているという世間の偏見が、団地の若者たちを無気力にさせている面はある。一方、実際に行政も団地を見捨てている。そのよい例が教育なんです。他の地域では人口が増えれば教員も補充される。しかし、ブランメニル団地をはじめ、セーヌ・サン・ドニ県ではそれがない。移民が増加すれば、それだけ教師も増やさなければならないはずなのに、まったく補充されない。そもそも教師が団地内の学校に行きたがらないという事情もあるにせよ、これは確実に悪循環を招く。当然、教育分野以外の行政サービスも遅れていく」

そこから生まれるのは、団地住民の「スティグマ」だとサミルは続けた。

「どうせ差別されているのだから、というあきらめの空気が団地の若者には浸透している。実際、そうなのだから仕方がない。となれば、ますます団地の内と外の溝は深まるばかりです」

団地の「外」から訪ねてくるのは警察とマスコミだけだ。どちらも団地を型にはめている。非日常の空間として扱う。団地住民が取材をことさら嫌がるのは無理もない（実際、私も通行人に話しかけても無視されることは少なくなかった）。マスコミはまさに、暴力的な絵を撮りたがっているのだから。期待に応《こた》えるか。無視するか。倦怠《けんたい》と憎悪のどちらかに天秤《てんびん》が傾いたとき、「外」の人間の運命が決められるだけの話だ。

マスコミはアソシアシオンの活動などにはほとんど興味を示さない。暴力もテロもない日常などに興味はないのだ。

団地像はますます歪《ゆが》められる。

そうしたなかで成功者として崇《あが》められる者の代表が、ラッパーであろう。

ニューヨークのラップミュージックがブロンクスの風景を映し出すのであれば、フランスのそれは、郊外の団地を映し出す。

団地の駐車場では、昼間でもカーステレオから流れる大音量のラップに合わせて、身体を揺らす若者の姿は珍しくない。

前述した森千香子の『排除と抵抗の郊外』には、団地出身ラッパーによる〝作品〟の一部が記されている。

〈注意しろ、オレはアラブ人、視線を逸《そ》らせ（略）オレが通ると奴らの憎しみの臭いがする／ごまかそうとしても強烈に臭う（略）オレたちは嫌われてる／褐色の肌イコール麻薬密売人さ〉（ヤズィード）

〈貧困から抜け出し／犬でなく市民として認められるため／皆どん底の問題を前に結束する／フランスは俺らをこんなに苦しめた（略）話を聞いてもらう唯一の方法は車に火をつけることらしい〉（スナイパー）

そう、これが団地だ。団地の風景だ。憧《あこが》れのパリだ。

九〇を超える国籍の人が住む団地

サルセルはパリの北に位置する。第二次大戦が終わるころまでは静かな農村だった。

風景が一変したのは五〇年代に入ってからだ。

アルジェリアからの移民が急増したことで、それに対応するため、パリ郊外にいくつもの集合住宅が建設された。サルセルは、そのなかでも〝代表格〟だった。

パリ郊外の団地の多くが「勤労者」のためにつくられたものであるが、サルセルは当初から急増する移民のためにつくられたのであった。

いま、サルセルの団地には約三万七〇〇〇人が住む。住民の人種構成もバラエティに富んでいる。いまや〝古株〟となったアルジェリア系はもちろん、カリブ系、アフリカ系、アラブ系、そしてユダヤ系の住民も少なくない。まさに人種のるつぼだ。

私が訪ねた日は、ちょうど日曜日だった。毎日曜日、サルセルにはマルシェ（市場）が立つ。

団地の中央を貫くプロムナードには、ビニールシートで囲っただけの急ごしらえの屋台風商店が林立し、そこだけが戦後の闇市を連想させる独特の雰囲気を醸し出していた。

道の両脇につくられた屋台には食料品、衣料品、雑貨、本やCD。家電やパソコンも並んでいる。

「カルフール（フランスの大手スーパーマーケット）に行く必要はない。ここには何でもある。しかも安い。まあ、衣料品などのセンスは白人の好みとはいえないがね」

そういいながら私を案内してくれたのは、この団地の住人であるナビル・コスコシ。モロッコからの移民二世だ。

まるで年末のアメ横にも似たにぎわいだった。売り手が声をからして客を呼び込み、買い手がしつこく値切りを迫る。そこに冷やかしの通行人も加わり、人の波と喧騒が、急ごしらえのマルシェを華やかに盛り上げた。

「この団地には九〇を超える国籍の人が住んでいる。おそらく、そのすべての人に対応できる商品が並んでいるはずだ」

ナビルは「あの店はマグレブ」「これはカリブ」と指さしながら、各店の特徴を解説してくれた。

約一キロにわたって続くマルシェを抜け、私たちは団地の一角にあるカフェに落ち着いた。そこでナビルの友人、カリブ系移民二世のフレデリック・ブリドも合流した。

二人はともにサルセルを地盤とするアソシアシオン「メイド・イン・サルセル」のメンバーである。

「人種を超えて、団地住民の団結と連帯を可能としたい。それが我々の目指すところだ」

フレデリックはアソシアシオンの目的をそう説明した。

「ここはいい街だろう？　多様な人がいる。多様な文化がある。いろいろなものが混ざり合

90を超える国籍の人が集うマルシェ

様々な店が軒を連ね、活気にあふれていた

っている。それは誇るべきなんだ」

エスプレッソを口に運びながら、ナビルが続けた。彼は「メランジェ」という言葉を繰り返した。フランス語で「混ざる」という意味だ。

オープンテラスの席。我々の横を、様々な人が通り過ぎていく。黒い肌。茶色い肌。原色の民族衣装。ブルカ。そう、団地は「メランジェ」の街だ。小さな世界だ。

「だが、多くのフランス人はそれを理解しない。メランジェを毛嫌いする者もいる。いや、ここの住民だって、その価値を理解していない者は多い。偏見を持たれることに慣れてしまっている部分はある」

そう話すナビルに、フレデリックが「それも当然だ」と返す。

「この団地において二〇代の若者の失業率は四〇%にものぼる。絶望したくなる気持ちは理解できるよ。たとえば求職の際、履歴書に『サルセル』と住所を書くだけで落とされるのが常識だ。こうした環境に誇りを持つことじたい、本当は難しい」

だからこそ二人が所属する「メイド・イン・サルセル」は、若者が共感を得やすい様々な文化イベント（コンサートや写真展など）を開きながら、まずは団地で生まれ育ったことじたいが「悪」ではないのだと訴え続けている。もちろん、現実の重みを前にして、共感の輪が一気に広がるということはない。手探りで、じっくりと、「団地の誇り」をひとりひとりに説いていく。根気を必要とする地道な活動だ。

「サッカーチームと団地は違う」

パリ郊外を訪ねてからおおよそ理解できたとはいえ、それでも私は聞かずにはいられなかった。

――フランスはトレランスの国ではなかったのか。

ナビルとフレデリックは互いに顔を見合わせ、そして、ふっと鼻で笑った。

「神話だよ」

ナビルが短く答えた。

別にフランスという国家の肩を持つつもりはさらさらないが、それでも私は食い下がる。

――たとえばサッカーのフランス代表チームを見ても、いわゆる〝生粋のフランス人〟は少ない。その多くが移民の末裔《まつえい》だ。フランスでは、それが一定程度、受け入れられているではないか。

今度はフレデリックが答えた。

「サッカーチームと団地は違う」

応酬は、ここでぶちっと途切れる。

次に続く言葉を生み出すこともできず、私は頭の中で彼らの言葉を反芻《はんすう》する。

神話。サッカーチームとは違う。

うん、確かにその通りだ。傑出した才能を持った者であれば、そもそも履歴書の住所にこだわる必要などない。団地はスタープレイヤーの合宿所ではないのだ。

「現実に差別はある。フランス社会の中で、移民も難民も、その子どもたちも、実際に偏見を浴びせられている。そこから、我々がどう生きていくかという問題を、日々、突き付けられているんだよ」

ナビルがあきれ顔でいう。おまえはまだ「現実」をよくわかっていないだろうとでもいうような表情だった。そう、問題を突き付けられたのは私だったのかもしれない。

誰もに共通する「被害」、差別

先述したように、フランスで移民が急増したのは一九六二年のアルジェリア独立がひとつのきっかけである。一〇〇年以上も続いたフランスの植民地支配は、七年間に及ぶ独立戦争を経て終焉《しゅうえん》を迎えた。戦争は多くの犠牲を伴った。アルジェリア人には一〇〇万人もの戦死者が出ている。

フランスからすれば、人間だけでなく、「国土」も失った。一部のフランス人にとってアルジェリアの独立は敗北であり、喪失だった。その怨嗟が、国内のアルジェリア移民に向けられる。

一九七一年から七八年にかけて、フランス国内で一〇〇人を超えるアルジェリア人が、アルジェリア人であることを理由に殺害された。完全なヘイトクライムである。八〇年には極右組織によってアルジェリア領事館も爆破された。

こうした「反アルジェリア」の気分に乗って登場したのが、ジャン＝マリー・ルペンである。彼はアルジェリア独立反対派を集めて、政党「国民戦線」を組織した。

その後、国民戦線は「反移民」をスローガンに掲げ、勢力を拡大させた。二〇〇五年の「団地暴動」では、移民を嫌う人々からの支持を集め、さらに波に乗った。

こうした極右は、いまやフランスにおける一大政治勢力である。

つまり、フランス社会で差別は公認されている。制度としては差別を固く禁じていながら、しかし、感情としての差別は温存されている。分断と亀裂《きれつ》を恥じないフランスがある。

「だから」とフレデリックは続けた。

「自分がフランス人であると公言することには抵抗があるんだ。私はフランス人にとっての奴隷の子孫だ。四〇〇年間、フランス人に蔑まれてきた。まあ、それはそれでいい。しかし、いまだに生粋のフランス人の〝格下〟のように思われていることに納得いかない。だいたい、フランスの移民とその子孫は、いまだにフランス人から『何人か？』と聞かれることが少ない。こうした環境でフランス人である自分を意識することなんてできるだろうか」

同じような言葉を、私は日本で在日コリアンの友人たちから何度も聞いたことがあるなあと思いだした。生きるべき場所とアイデンティファイを抱く場所は違う。その違いを差別に転化させるのが、マジョリティの利益のみを考える政治集団や為政者だ。フレデリックはこうもいった。

「そうした移民たちを、あるいは移民からなる団地住民を、本当に理解してくれる政党がないことも不幸だと思う。ファシスト、レイシストは論外だが、たとえば共産党にせよ、あくまでも左翼を支持する労働者階級のために存在しているのであって、我々の利益など考えてはいないだろう」

ならば、たとえば団地住民の利益を代弁、代表するような政治組織や政治家は育たないのか。いや、育てようとはしないのか。

私の問いかけに、今度はナビルが答えた。

「それぞれのエスニックグループの利益代弁者はいるが、団地全体のことを考えている人は少ない。住民間に嫉妬《しっと》や競争が生まれてしまう」

いまのところ、それがエスニック運動の限界だった。ナビルは課題をあげる。

「当然、それではダメなのだということは理解している。まず、社会の中でエスニックマイノリティの権利獲得を図ること、さらには当事者による当事者のための運動が影響力を持って展開されることが大事なのだと私も信じている。だが、それがなかなか思うように進まない」

前述したように、サルセル団地には九〇を超える国籍・人種の住民がいる。それぞれに背負ってきた文化も違う。社会参加の考え方も違う。共通の利益を見出すだけでも大変だ。だが、誰もに共通する「被害」だけは、議論せずともあげることは可能だ。差別である。そして、社会から見放されているという現実だ。

ナビルが続ける。

「だから、我々は同じ人間なのだと連帯を求めていく。移民は生きていくのに精いっぱいだから、コミュニティを育てていくといった考えを持つまでに時間がかかる。しかし大事なのは地域という概念だよ。ここで暮らすうちに、それがわかるようになる」

吹き溜《だ》まりといった団地のイメージを、多文化の象徴にしたいのだとナビルはいった。様々な言語が飛び交い、様々な文化がぶつかりあい、そこからまた新しい文化が生まれる。

考えようによっては、郊外の団地は、パリの中心部以上に色彩に富んでいる。
コンクリートの無機質な建物の中には、抱えきれないほどの世界観が詰まっている。
それをポジティブにとらえなおすことで、団地に希望を持たせたいと考えているのがナビルたちだ。

まさに壮大な社会実験といえよう。

ちなみに私がサルセルを訪ねた日、パリ中心部のミニシアターで、「〇五年団地暴動 クリシー＝ス＝ボワ事件」に関する討論会が開催されていた。

サルセルでの取材が長引き、私は討論会の最後にしか参加できなかったが、そこで出会ったモアメッド・メフマシュ（反差別団体「アセレフ」代表）は私にこう告げた。

「〇五年の事件からフランス社会は何も変わっていないし、何も学んでいない。右派はより差別的に、そして左派もいま、団地の自律的な運動にほとんどコミットしていない。だからこそ、当事者の運動を広げていくしかない」

頼らない。いや、頼ることをあきらめたといったほうが正しいのであろう。

社会からも政治からもはじき出された団地住民の一部は、すでに新しい道を歩き始めている。

団地を団地住民の手で変えていく。

闘い、抗《あらが》い、叫び続けてきた者たちの、それが結論だった。

しかし――では、フランス社会は何もしなくてよいのか。

結局、差別され、抑圧されてきた者だけが努力を求められ、社会はそれを突き放して「見守る」だけなのだ。

団地は孤独だ。社会が提供してくれるのは、ひとり相撲の舞台だけなのである。

チャイナ団地

そんなパリにあって、他とは趣の違う団地が市の南東部、一三区の一角にある。

建ち並ぶ高層住宅。大規模な商店街。まぎれもなく団地ではあるのだが、郊外の団地とは少し様子が違う。

行き交う人の多くがアジア人――そう、ここは中華系住民から成る巨大な「チャイナ団地」なのであった。

パリで中華街といえば、観光地としては中心部三区のマレ周辺、あるいは市内北東部一九区のベルヴィルあたりがよく知られている。いかにもパリらしい石畳の小路に、漢字の看板が溶け込んでいる風景は、わずかばかりアジアのエスプリを感じるだけの場所としては最適だ。どれだけ中華料理の名店が並んでいようと、そこがパリであることを忘れることはない。古くからの中華街は、パリの街並みのなかに生きている。

一方、一三区の中華街はまた違った様相を見せる。

中心部から地下鉄を乗り継いで約二〇分。ポルト・ディヴリー駅を降りて地上に出てみれば、すでに中華料理に使われる香辛料、八角の匂いが漂っていた。

青果店やスーパーなどが建ち並ぶ通りは、中国そのものだ。看板のほとんどは「大商場」(スーパー)、「便利店」(コンビニ)などと漢字で書かれ、新聞スタンドに並んでいるのも中華系紙ばかりだった。

もちろん耳に飛び込んでくるのも北京語《ペキン》や広東語《カントン》の会話ばかり。パリで最大の中華街ということになっているが、観光客目当てで「中華」を演出しているのではなく、そこに根付いた人々の生活の音が響いていた。オールドカマーの街ではなく、ニューカマー、つまりは新移民の街である。

三区や一九区が横浜《よこはま》や神戸《こうべ》だとすれば、一三区は池袋《いけぶくろ》(東京都豊島《とし ま》区)や川口《かわぐち》(埼玉県)ということになろう。

中華系商店が並ぶストリートを歩いていると、不意に視界に飛び込んできたのが、いずれも三〇階を超える超高層の住宅群だった。遠目にはまるで大企業のオフィスにも映るこのビル群が、チャイナ団地である。

中心にある広場を取り囲むように、高層住宅が建ち並ぶ。広場に面した低層部分には、レストラン、スーパー、銀行などが入居している。いずれも中華系、あるいはベトナム、カンボジアなどのアジア系だ。

店先には赤い提灯《ちょうちん》（灯籠《とうろう》）が吊《つ》り下げられ、店内からは中国歌謡が聞こえてくる。

パリという街の中だからこそ、どこか浮き上がった一角にも思えるが、日本で団地取材を重ねてきた私には、それほど違和感のある光景ともいえなかった。

超高層ビルのチャイナ団地

前述した川口市の芝園《しばぞの》団地などに足を運べば、まさにここと同じような風景を目にすることができるはずだ。

中華系商店。飛び交う中国語。赤い灯籠。日本においても珍しくはない。

しかし日本と違うのは、住民の圧倒的多数が中華系といったところではないだろうか。この地域に限定すれば、中華系住民こそマジョリティである。そう、ここはまさにパリの中の「中国」そのものなのだ。

私が思いだしたのは、フランス映画『オーギュスタン／恋々風塵』（一九九九年）だ。同映画の舞台は、まさに一三区のチャイナ団地である。

主人公のオーギュスタンはパリ市内に住む売れない役者だ。カンフー映画に憧れる彼は、突然現れたカンフーマスターから「未知の場所で修行を積め」と啓示をうける。

オーギュスタンは自転車で「未知の場所」を目指す。たどり着いた場所が一三区だった。そこで彼は中華系住民と交流し、中国女性に恋をする。

映画としてはさほど引き込まれるものはなかったが、印象に残っているのは中華街の風景だ。高層団地、仏教寺院、そして中華商店。

映し出されるそれらが、まさに私の目の前にあった。

そこは歴史も繁栄も矛盾も含んでいた

歴史をさかのぼれば、フランスは第一次世界大戦中に多くの中華系移民を受け入れ、その後、数を増やしてきた。全人口の一％ほどが中華系ともいわれる。

この団地も大規模団地の建設が相次いだ六〇年代に造成された。

当初はルノーなど自動車会社の幹部社員用住宅だったという。郊外のいかにも団地を思わせる建物とは違い、どこかあか抜けた感の強いマンション風であるのも、管理職を入居対象としていたからであろう。

この団地を研究対象としている日本人留学生・鈴木美奈子《すずきみなこ》（一橋大学大学院）によると、住民構成に変化が見えたのは七〇年代半ば以降だという。

自動車産業の衰退とともに増えてきた空き室に、国外からの移住者が入居するようになった。

第一陣は、ベトナム・ラオス・カンボジアからの、いわゆるインドシナ難民である。相次いで共産主義政権が誕生したこの三か国から、共産体制を嫌った人々が旧宗主国のフランスに逃げ出した。

だから、当初は中国というよりもインドシナ三国の華人が中心となって、街の色を少しずつ塗り替えていったという。

そのうち大陸からも人が流れつき、いつしか巨大な中華街へと変貌《へんぼう》した。

鈴木が「もっとも中国を感じさせる場所」として私を連れて行ってくれたのは、団地の地下駐車場だった。

いったいなにがあるのかと暗い駐車場を横切って歩いてみれば、一番奥まった場所に小さな廟《びょう》があった。

赤い灯籠が吊り下げられた門をくぐり、ドアを開けると、そこには整然と仏像が並び、法《ほう》衣《え》を身にまとった僧侶《そうりょ》が経を読んでいた。薄暗い室内で、何本ものろうそくの炎が揺れている。まるで非合法の地下教会のようでもあるが、要は家賃の安いこうした場所に廟がつくられ、人々は信仰を続けているのだという。鈴木が語った。

「三区や一九区の裕福な華僑《かきょう》とは違い、ここに住む中国人は普通の労働者です。多くの人は縫製工場やお菓子工場で働いています。フランス語が堪能《たんのう》というわけでもなければ、フランス社会にどっぷりと溶け込んでいるわけでもない。だからこそ、ここだけでも中国人としての生活が維持できるよう、必要なすべてがそろっているんです」

中国人向けの学校がある。廟も寺も教会もある。屋台も個人商店もスーパーも中国語で事足りる。不動産屋も旅行代理店も中国人経営。中国で流行《はや》っている音楽もドラマも、ここでは海賊版も含めて各種のソフトが販売されている。

高層団地を中心に、中国が広がっていた。

当然、そこには中国社会の矛盾も含まれる。

団地の周囲で目立ったのは中国人売春婦の姿だった。

昼間から団地脇の道路に、暇を持て余しているかのように見える、化粧の濃い若い女性の一団がいた。なぜかみな、赤いジャンパーを着ている。

「あれが売春婦たちです」と鈴木が小声で教えてくれた。

「昼間でも街頭に立って客を拾っています」

いま、パリ市内では中華系の売春婦が約一〇〇〇人確認されているという。ここ数年で急増したというが、その背景には中国本国の〝資本主義化〟があるとされる。国営企業などをリストラされた女性たちが、伝手《つて》を頼って渡仏。当初は裕福な中国人家庭で家政婦などを務めた後、売春婦の世界に身を投じるケースが多い。

こうした中華系売春婦の間でいま問題となっているのが、暴力被害だ。売春の最中に金品を強奪されたり、暴行を受けたりするケースが増えていることが、地元メディアでは報じられている。

もともと売春婦は警察との相性が悪い。それだけに暴力や強盗の被害にあうことは少なくない。そのうえで、中国人となると、さらに立場は弱くなる。言葉や滞在資格の問題があるので、どうせ被害届は出せないだろうと思われているのである。実際、被害を訴えることのできない女性が多い。男性客は、ますますつけ上がる。

ちなみに報道によれば、中華系売春婦の多くは三〇代以上で、四〇代、五〇代も珍しくないという。既婚の高学歴者が多く、家族を中国に残しての〝出稼ぎ〟がほとんどらしい。目的は「子どもの教育費」だ。
繁栄も矛盾も、何から何までそろっている。
そこは紛うことなき中国だった。

第五章

残留孤児の街

——歴史の中に立つ

広島県広島市基町アパート

原爆スラム

「広島市営基町《もとまち》高層アパート」は、戸数約三〇〇〇、約四〇〇〇人が暮らす大規模集合住宅だ。隣接する県営の高層アパート（約一五〇〇戸）も合わせて、一帯が基町団地と総称されることもある。

広島市の中心部、原爆ドームから歩いて一〇分とかからない場所だ。サイコロを積み重ねたような独特の形状の高層住宅が建ち並ぶ。

その地域は、かつて〝原爆スラム〟と呼ばれるバラック街を抱えていた。終戦直後から七〇年代末までの話である。太田川《おおたがわ》の河川敷に沿って、約一〇〇〇戸もの粗末な木造住宅が軒を連ねていた。巨大な要塞《ようさい》にも見える基町アパートは、〝原爆スラム〟とそこに連なる地域の生まれ変わった姿でもある。

基町アパートを正面に見据える広島城の内堀に面した緑地帯に、「基町地区再開発事業完成記念碑」が置かれている。碑の裏面には次のような文言が記されていた。

〈この地区は、古くは広島城の城郭として、明治以後は軍都広島の中心として栄えてい

たが、昭和二十年八月六日、史上初の原子爆弾により一挙に廃墟と化した〉
〈その後、戦災者や外地引揚者のための応急住宅及び木造公営住宅などが建てられた〉
〈この地区の改良なくして広島の戦後は終わらないと言われるようになった〉

碑の建立は一九七八年一〇月一一日。地域の改良事業が「完成」を宣言した日である。〝原爆スラム〟が壊され、高層アパートが建った。碑に刻まれた言葉を借用すれば、「広島の戦後」が、ここでようやく終わったのである。

基町――その地名が示すように、広島城に隣接したこのあたりは、毛利《もうり》輝元《てるもと》（中国地方を治めた大名。関ヶ原《せきがはら》の戦いでは西軍の総大将を務めた）が広島を居城としたころより、街の中心部であり続けた。基町には「広島開基」の意味が込められている。

記念碑が記す通り、明治に入ると軍の主要施設が置かれ、「軍都広島」を象徴する地域となった。一九四五年の時点で、ここには西部総軍司令部、歩兵、砲兵の各部隊、陸軍病院、陸軍幼年学校などがあった。

そして四五年八月六日の原爆投下。爆心地から一キロと離れていないこの場所は、一瞬にして灰燼《かいじん》に帰した。

終戦後しばらくしてから、原爆被害によって住む家をなくした人々が基町周辺に集まるようになった。被災者たちは、焼け野原に積み重なった瓦礫《がれき》の中からトタンや板切れをかき集め、急ごしらえの家（というよりも掘っ建て小屋）をつくり、雨露をしのいだ。

これが〝原爆スラム〟のはじまりである。

当時、広島市内には国鉄広島駅周辺をはじめ、こうした「不良住宅地区」（行政用語ではこう表現している）が数か所、形成されたが、基町はその中でも最大規模のスラムに発展した。

ひとつには、一帯が河川敷と連なり、しかも国有地であったことが大きい。戦前までの軍用地は、戦後、そのまま国有地に移管された。所有権者がいないことから、たとえ〝不法〟に家屋を構えたとしても、すぐに追い立てられる心配がなかった。

また、地の利も抜群だ。官公庁街などの中心部は目と鼻の先である。

戦後の混乱期、家も土地も持たない人々が基町を目指したのには、それなりの理由があったのだ。

市の記録によれば、一九四七年に確認された基町の「不良住宅」は約二〇〇戸。その後、家屋の数は増加の一途をたどり、五〇年代には約九〇〇戸が確認されている（行政が被災者のために提供した簡易な〝応急住宅〟を除いた数）。

そこまでの規模ともなれば、もはや一種の街区である。木造の粗末な家屋が密集する様相は確かに〝スラム〟を連想させたが、しかし、そこには確実に人の営みがあった。

太田川沿いに並ぶ〝原爆スラム〟
（1969年撮影。毎日新聞社）

『仁義なき戦い』のロケ地

当時の写真は市史をはじめ多くの史料に残されている。

迷路のような路地があり、子どもの遊び場として使われる小さな広場があり、商店があった。見た目にも立派な看板を掲げた飲み屋も食堂もあった。五〇年代の半ばにもなれば、住宅も自力での改修、改良を重ね、一帯は住宅地としての体裁も整えていく。自家用車を持つ家庭もあった。

現在、基町アパートの商店街で布団店を営む木本道隆《きもとみちたか》（八七歳）も、かつては〝原爆スラム〟のはずれに住んでいた。

「混沌《こんとん》とした感じの街でした」

そういって昔を懐かしむ。

「路地を子どもが走り回り、活気に満ちていました。みんな裕福ではなかったけれど、戦後という時間を一生懸命に生きていたような気がします」

原爆ですべてを失った人がいた。満州《まんしゅう》（中国の東北部）などの外地から引き揚げ、戻ってみれば家が消えていたという人がいた。もともと地域に地盤のなかった多くの在日コリアンも基町に集まった。

勝手に家を建てて不法に住み着いた――と片づけてしまえば、それは人間の「生」をも無視した雑な物いいとなる。

バラックのひとつひとつは、そこで生き抜くことを決めた人々の覚悟と尊厳の結晶でもあった。トタンの一枚、木の板一枚、基礎として利用した石ころひとつに、すべてを失った絶望と、未来を見据えた希望が込められていた。

「自分のために、家族のために、そこで生きていくしかなかった人々が、寄り添うように暮らしていたんです」

木本にとって、バラックの密集した基町こそが広島の戦後そのものだった。

一方で、「近寄ってはいけない場所」だとする人々も市内には少なくなかった。不衛生だとして嫌悪の目を向ける人もいた。住民の中には在日コリアンも多かったことから、差別と偏見に満ちたまなざしも注がれた。

多くの人は廃品回収などで生計を立てていたが、中にはヤクザもチンピラもいた。

一九七三年に公開された映画『仁義なき戦い　広島死闘編』(深作欣二《ふかさくきんじ》監督)では、この街がロケ地として使われている。画面下に「原爆スラム」のテロップが流され、続いて映し出されるのはスラム内の安普請な食堂でビールを飲むヤクザ組長の姿だ。店を出たところで、敵対する組織の鉄砲玉が拳銃《けんじゅう》を構えて待ち受ける。逃げる組長、追いかける鉄砲玉。拳銃の弾《はじ》ける音と、街中を疾走する者たちの靴音が響く。

印象に残るのは必死の形相で走り回るヤクザたちの姿ではなく、ロケ地としての基町の風景である。

粗末な家屋が並ぶ。街の各所に、瓦礫やごみが堆《うずたか》く積まれている。組長も鉄砲玉も、瓦礫を乗り越え、狭い路地を駆け抜ける。まさに「混沌」をそのまま絵にしたような映像から漂ってくるのは、「戦後」の匂いだ。

七〇年代の初めには、まだ、原爆の傷跡が基町に残っていた。

ちなみに北大路《きたおおじ》欣也《きんや》扮《ふん》する鉄砲玉は特攻隊崩れのチンピラで、死に場所を見つけるためにヤクザとなったような人物として描かれる。一方、追われる組長（千葉《ちば》真一《しんいち》）は「ワシら、うまいもの食うてよ、マブいスケ抱くために生まれてきとるんじゃ」と豪語する男だ。これもまた廃墟《はいきょ》の中から生まれた悪の華である。

二人は奔《はし》る。瓦礫を乗り越え、路地を抜け、絶望とも希望ともつかない道を行く。「戦後」が通り過ぎていく。

市の音頭でスラムクリアランスが終結したのは、前記映画公開から五年後のことであった。スラムは消えた。ヤクザも消えた。

原爆の爪痕《つめあと》に高層住宅が建った。

ヒューマニズムの建築思想

広島県と広島市によって、スラム街である基町の再開発を目的とした「基町地区再開発促進協議会」が発足したのは一九六八年五月のことである。会長には県副知事、副会長には市助役、同県土木建築部長が就任した。

同会の設置要綱には次のような記述がある。

〈広島県及び広島市は、広島市基町地区の不良住宅を解消し、同地区及びその周辺を広島市の中心としてふさわしい環境に整備することを目的とし――〉

行政にとって基町地区は喉元《のどもと》に突き刺さった小骨のような存在だった。官公庁街の至近距離に迷路のようなスラム街が存在することは、県都として、まさに「ふさわしく」なかったのだ。被爆地としての記憶は原爆ドームで十分だった。

衛生面での問題もあった。排水施設がなかったために、雨が降るたびに道路は水であふれた。もともとは一時しのぎの応急住宅地である。計画的に整備された街路ではないので、隣家との境界も曖昧《あいまい》な家屋が数珠《じゅず》つなぎとなったような場所もあった。

当然、火災が起きれば一帯の延焼は防げない。実際、幾度か火災が発生し、そのたびに多くの家が炎に巻き込まれた。だが、スラム街の強さは〝復活の早さ〟にある。焼けても朽ちても建て直しには時間がかからない。もともと廃材でつくった家なのだ。こうした逞《たくま》しさも、行政にとっては頭痛のタネだったのだ。

「基町地区再開発促進協議会」は協議を重ね、この場所に高層アパートを建設することを決めた。恵まれた立地条件を生かし、スラム街住民のあらたな居住地をつくるだけでなく、市内全体の住宅困窮者に対する住宅供給も目的とした。

高層住宅建設にあたり、そのデザインを任されたのは建築家の大高正人《おおたかまさと》である。大高は東大工学部建築学科を出た後、モダニズム建築の巨匠である前川國男《まえかわくにお》に師事。その後、黒川紀章《くろかわきしょう》などとともにメタボリズムグループ（新しい都市計画を目指す若手建築家の集まり）に参加し、六二年から独立して事務所を構えた。

基町高層住宅の設計は、栃木県庁舎、千葉県文化会館と並んで、大高の代表作とも呼ばれている。

基町アパートの独特の形状（「く」の字形にギザギザになった住棟配置）は、大高のアイディアによるものだ。ギザギザの外廊下が、どこか迷路的な雰囲気を醸し出しているのは、もともとのスラムにあった「路地」をイメージしたものだという。

建築設計にあたって大高が常に考えていたのは「ヒューマニズム」だった。集合住宅といえど、ただ単に巨大な建物があって、周囲を威圧するような風景であってはならない。街に対して謙虚であり、なおかつ人々が幸せを感じる空間でなければならない。それが大高の建築思想である。

通常、団地は東向きか西向きとなっており、陽は午前か午後のどちらかしか部屋の中に差し込むことはない。だが、基町アパートの「く」の字ギザギザ形状は、南東か南西に向いている。これは、陽の光が午前であっても午後であっても、一応は当たるように考えられたものだった。さらに住棟同士が対面しないようにしたり、一階部分をピロティ（住居を置かずに自由空間とすること）としたのも、無機質な住環境を嫌った大高の「ヒューマニズム」に基づいた設計だった。

また、連続する高層アパート群の屋上に公園をつくり、そこに通路も設けた。子どもたちが車に出合うことなく学校にいけるように、という配慮である。

「もう、今年いっぱいで商売をやめようかと思っています」

七八年。協議会の発足から一〇年の歳月を経て高層アパートが完成、再開発事業が終了した。

三〇〇〇戸近い木造住宅はすべて撤去され、最高二〇階建ての基町アパートが誕生した。かつてスラムのはずれに住んでいた前出の木本道隆も高層住宅に移り住み、同時に団地内の店舗を借りて布団店を開業した。

「何もかもが輝いて見えた」と木本は述懐する。

鉄筋コンクリートの外壁。真新しい畳。汚れのない外廊下。

「何よりも〝最先端〟を実感したのは窓でした。窓を閉めたら、外の音がまったく聞こえない。雨の音も風の音も部屋の中に響かない。家の中にいて外の音が聞こえてこないというのは生まれて初めての経験でした」

喧騒《けんそう》の届かない部屋の中は、深夜になると怖いくらいだったという。

他地区に住む人の多くが基町アパートを羨《うらや》んだ。

「ここは一等地や！ と浮かれた気持ちになりました。『基町はええのう』と、みなからいわれたものです」

もちろんそれなりの「混乱」があったことは「基町地区再開発事業記念誌」にも記録されている。


〈土の上での生活から高層住宅での共同生活へという生活環境の変化にとまどい、生活の切替えに多少の混乱は避けられなかった。洗濯物の干し方、ゴミの搬出方法、エレベーター等各種の機械設備の取扱いをめぐって（略）苦情も発生した〉


ごみをめぐる騒動は茶飯事で、エレベーターの非常ボタンを押してしまったり、間違えて他人の家に入ってしまったりといったトラブルも相次いだことは、いまも団地に住む古老たちの口からいくらでも聞くことができる。

いま、各地の団地で外国人住民による「ごみ問題」が騒がれているが、黎明《れいめい》期の団地では、こうしたことは当たり前だった。日本人であろうが外国人であろうが関係ない。不慣れであることがすべての原因である。

木本はいう。

「とにかく、のびのびとした気持ちになってうれしかった。みんなそうだったと思う。近代的な建物に戸惑いながらも、ようやく経済成長の波に自分たちも乗ることができたのだという実感を得ることができました」

開業した布団店でも、布団が飛ぶように売れた。新しい暮らし、新しい家、それに見合った新しい布団。需要が急増したのだ。

店内のミシンはフル稼働していた。客は好きな布を選び、そこに綿を詰めてミシンで縫う。できあがると自転車の荷台に布団を積んで配達に回った。毎日、クタクタになるまで働いた。

いま、店に往時の面影を見つけることはできない。一応、布団店の看板を掲げてはいるが、主に取り扱っているのは下着をはじめとする衣料雑貨、そして「合鍵《あいかぎ》」だ。

「この団地も高齢者ばかりになってしまって、しかもみなさん年金暮らし。いまや布団は大型スーパーで買ったほうが安い。誰も高価な注文布団など買いませんよ」

二〇年ほど前に合鍵の機械を入れたが、それも需要はほとんどない。

店内の風景は時間が止まっているかのようにも見えた。店の奥に布団が積み上げられてはいるが、売り物としての役割を放棄しているようにも見える。ただそこに置かれているだけ——という感じだ。合鍵の機械はほこりをかぶっている。

それでも木本は毎日店を開ける。小さな椅子にちょこんと腰掛け、店番をする。

客がまったく来ないわけではない。

「ごくごく一部の人は、安価で軽い羽毛布団ではなく、昔ながらの綿布団がいいというのです。綿でないと眠れないと。布団屋としてはありがたいことですが、商売として成立するような需要はありません」

そして木本はこう続けるのだ。

「もう、今年いっぱいで商売をやめようかと思っています」

団地内の商店街は、いまやシャッター通りだ。営業している店舗は少ない。

お好み焼き屋が二店舗もあるのが、いかにも広島らしいが、流行《はや》っているようには見えない。客がひっきりなしに出入りするのは、中華料理屋だけだ。

この風景こそが、いまの基町アパートの状況を端的に表している。

木本によれば「(住民の)半数が高齢者。残り半分が外国人」。

ちなみに市の調査によると、二〇一九(平成三一)年の基町アパートの高齢化率は約四七%。これは市平均の二五%の倍近い数字だ。

一方、外国籍住民の比率は約二〇%。日本国籍に帰化した住民、あるいは中国からの帰国者(残留孤児など)も多いことから、「半分が外国人」という木本の見立ても間違いとはいえない。

商店街の中は、いつ足を運んでも静まりかえっていた。ときおり中国語の会話が響く以外、耳に飛び込んでくる音はない。

入居当時、木本は窓を閉めたときの静けさに感動した。それこそが〝近代〟なのだと実感した。そしていま、質の異なる静けさが団地を覆う。

地べたから団地を見上げる

夜の明けきらない早朝四時。まだ暗闇の中にある団地商店街に、ひとりの男性が〝出勤〟する。

基町アパートの清掃員、ガタロ。本名は非公開だ。

基町アパートの有名人である。

手押し車に清掃道具を詰め込み、団地を回る。通路を掃き、ごみを拾う。四か所ある公衆トイレを丹念に磨く。作業はみっちり五時間。日曜日を除き、毎日、団地の清掃に汗を流す。

なぜに「ガタロ」？

トイレの床にモップをかけながら、こんな答えが返ってきた。

「ガタロってのは、鉄くずを拾って売る人のことを指す場合が多い。でも、本来の意味は河《かっ》童《ぱ》のことなんですよ。河童みたいに川の中にもぐって、ごみ拾いしている姿から、そういわれるようになったのでしょう。そらもう、私にふさわしい言葉です」

ガタロの言葉には、アナーキーな響きがある。

「要するに、人々の差別的なまなざしに基づいた言葉を、あえて自分が名乗ることで、このくだらない差別を無効化したいって気持ちがあるんですよね」

河童は自由と反権威の象徴でもある。

「差別や偏見に抗《あらが》って生きていたい」

それがガタロの主張だ。

午前九時。仕事を終えると、ガタロは商店街の奥にある清掃用具室で紙パックの焼酎《しょうちゅう》を開ける。

「まずはガソリンじゃ」

それをちびりちびり飲みながら、次の仕事に取りかかる。

床に新聞紙を敷く。その上に画用紙を広げる。そして――絵筆をとる。

ガタロは画家でもあるのだ。いや、画家の傍ら、清掃の仕事をしているといってもよい。

清掃用具室は、ガタロのアトリエでもある。ここを拠点に絵を描く。

〝アトリエ〟の壁には「タバコは一日四本」と記された紙が貼られていた。ヘビースモーカーである自分を戒めるための〝標語〟だという。

「まあ、守ったことはないけど」

照れくさそうにつぶやいて、タバコをぷかー。仕事を終えた直後の一服だ。紙パックの焼酎を流し込んで、また、ぷかー。

その日、ガタロが描いたのは絞った雑巾《ぞうきん》の絵だった。

「このところ毎日、雑巾を描いているんです」

そういって、何十枚にもたまった雑巾の絵を見せてくれた。

「ほら、同じ雑巾なのに、みんな表情が違うでしょ？」

確かに。芋虫《いもむし》のような形に見える雑巾もあれば、握りこぶしのような雑巾もある。

「描きながら、たかが雑巾にもいろいろな意味があるのだと気が付いたんです。酷使される存在。捨てられる存在。無視される存在。奪われる存在。そして、労働の最後を締めくくるための存在。雑巾は私の姿でもあり、そして、弱い立場にある人の姿でもあるような気がするんです」

ガタロが描くのはモップであったり、道端に落ちたごみであったり、あるいは原爆ドームやホームレスであったり。奪われ、捨てられ、そして傷ついたものばかりだ。

ガタロは広島で生まれた。被爆二世だ。子どものころから絵を描くのが好きだった。漫画家・白土《しらと》三平《さんぺい》のファンで、『カムイ伝』や『忍者武芸帳』の絵を模写しては時間をつぶした。

アトリエで様々な顔の雑巾を描くガタロ

中学では美術部に入り、その後入学した高校には美術部がなかったので、自ら創部した。

高校卒業後、大阪の印刷会社に就職した。配属されたのはデザイン部。好きな絵を描いて過ごすことができると期待したが、企業の注文に従うだけの仕事はなじめなかった。会社員という身分も堅苦しくていやになった。

結局、二年で会社勤めを辞めた。

その後は職を転々とした。自由に好きな絵を描くことができるのであれば、仕事などなんでもよかった。

アルサロ（アルバイトサロン）の呼び込みをしたこともあった。「急募　マネージャー　食事つき」と求人チラシには記されていた。タダでメシが食えるのであれば上等じゃないか。そう思って応募した。

「たしか店の名前は『歌麿《うたまろ》』。よくわからないが、絵描きとしては惹《ひ》かれざるを得ないネーミングやったなあ」

薄暗い店内で、ペンライトを使って客を案内する仕事は楽しかった。

と場で雑役の仕事にも就いた。

そして仕事の合間に絵を描き続けた。

二七歳になって、広島に戻った。基町アパートでの清掃仕事を紹介され、以来、ずっとこの団地で清掃を続けている。

「そう、つまり三〇年以上、地べたから団地を見上げてきたんです。そうやって団地を見てきた者は、そうそうおらんじゃろうねえ」

落ちているごみ。床の汚れ。トイレのシミ。それは人間が生きていることを示す痕跡《こんせき》だった。だからごみにも愛情が湧いた。

捨てられたごみをアトリエに持ち帰り、様々な角度から描いた。床のシミにデザインを感じ、そこから新しい絵が生まれた。

まさに「下から見上げる」習慣こそが創作の手助けとなったのだ。

「絶対に一色に染まることはない」

「下から見上げると世の中がよくわかる。そもそも芸術なんて、上から見下ろすようなヤツには似合わない。あらゆる権威とは逆の方角から見ることが大切じゃないかと思うんですよ。ほら、川だって下流に行けば行くほど、深度も増す。しかも裾野《すその》が広がる」

ガタロは、そうした下流のもっとも深い場所から、団地の移り変わりも目にしてきた。

「被爆者、在日コリアン、貧困者、そしてヤクザも住んでいた。様々な人生が、この団地で交差し、溶け込み、ときにぶつかり、独特のダイナミズムを生み出してきました」

そしてみんな老いた。団地を出て行く者、人生を終える者も相次ぐ。

——寂しくなったと思いますか？

私がそう訊《たず》ねると、ガタロは首を横に振った。

「いや、ぜんぜん」

そして、こう続ける。

「ほら、耳を澄ませてごらんなさい」

清掃用具室の外から、女性たちの話し声が聞こえた。中国語の会話だった。いま、団地住民の約二〇％が外国籍住民、さらに中国からの帰国者も多いことは先に述べた。

「何を話しておるのかはわからない。でも、中国語の響きはいいですよね」

ガタロは目を細めた。

「ここはそういう場所なんですよ。多様で、多彩で、多文化の街。絶対に一色に染まることはない。面白いじゃないですか。それでこそ基町です」

中国語の会話が外廊下に響く。女性たちの声が音楽のように流れる。多文化のリズムが弾ける。

ガタロは再び絵筆を画用紙に走らせる。

その日も絞った雑巾を描いていた。くたびれた雑巾は、人間の内臓のようにも見えた。広島の中心地で、爆心地で、ハラワタのような雑巾が自己主張を始める。ガタロが魂を吹き込む。捨てられたものにも命があるのだと訴える。人々が顧みることのないものたちを見つめ、ひたすら描く。

「ここで、この場所で、死ぬことができたらいいなあ」

ガタロがつぶやいた。

父親も、この近くで被爆した。被爆体験をほとんど語ることなく、亡くなった。だから、子ども時代は、その足跡をたどるように原爆ドームのスケッチを続けた。そしてガタロは知ることになる。この街には、無数の無名の死が刻印されていることを。戦争に、国に、非人道的な兵器に、人々は捨てられた。

原点はそこだ。そこから離れない。

二〇一一年には初の画集『清掃の具』が出版された。これが評判を呼び、全国各地で個展も開催された。テレビで報じられたこともあった。

だが、どんなに名を知られるようになっても、自分は便所掃除を生業とする絵描きなのだといい続けている。拾い屋の河童なのだと繰り返している。原点を忘れないためである。

ガタロは鋭い目つきで雑巾を見つめる。絵筆を動かす。焼酎をぐびっ。タバコをぷかー。

その一連の動作は、厳粛な精魂の踊りのようにも映った。

「おっ、こいつ、また表情が変わった。優しい顔になったのう」

目の前の雑巾は、乾燥が進んでわずかに形を変えていた。ガタロは愛《いと》おしそうな表情で、雑巾を見つめる。

そしてまた絵筆をとる。

下から。下流から。深度のある下方から。ガタロは今日も「命」をよみがえらせる。

残留孤児

基町アパート近くの公民館。この日も日本語教室がおこなわれる大会議室には多くの高齢者が集まった。全員が中国からの帰国者とその家族である。

前述したように、基町アパート住民にはこうした人々が多い。日本人ではあるが、日本語は十分に話すことができない。

こうした帰国者とその家族のために、定期的に日本語教室が開かれているのだ。

戦前、多くの日本人が中国に移住した。

昭和の初め、日本は貧苦に喘《あえ》いでいた。昭和恐慌の波は農村を襲い、飢餓に苦しむ人が続出した。その解決策として国が実施したのは満州《まんしゅう》への移民政策である。棄民政策と呼んでもよいだろう。体のいい〝追い出し〟である。

農村部を中心に開拓団が組織され、集団移住が始まったのは満州事変が起きた一九三一年。以来、約二七万人が海を渡った。

新天地に夢と希望を託した。海を越えたその先には、豊かさがあるのだと信じた。いや、信じ込まされた。

だが、満州の原野は人々の期待を裏切った。

厳寒の荒れ地――冬になれば凍り付いてしまう固い土地は、作物が育つようになるまで多くの時間を費やさなければならなかった。

それでも後戻りはできない。根気よく荒れ地を耕し、養分を与え続けた。茶褐色の大地が緑に染まっていく。信じ込まされた豊かさには程遠かったが、それでも小さな幸せを手にした人も少なくなかった。

だが、本当の裏切りは終戦時に襲ってくる。

国境を越えてソ連軍（当時）が攻め込んだ。真っ先に逃亡したのは、住民を守るべき関東軍だった。開拓団の人々は置き去りにされた。

武器も持たず、着の身着のままで人々は日本を目指した。しかも男性住民の多くは軍務に就いていたため、女性たちや老人、子どもたちばかりの逃避行だった。その過程で約八万人が命を落としている。

〝口減らし〟のために日本を追い出された人々は、終戦の混乱の中でも棄てられた。無責任な国の犠牲となった。

すぐの帰国を果たすことができず、結局、そのまま中国で暮らすことになった人も少なくない。いわゆる残留孤児と呼ばれる人々だ。

基町アパートに住む重山厚《しげやまあつし》（八三歳）も、そのひとりだ。日本語教室で出会った重山は、穏やかな表情で私を迎えてくれた。

「いろいろとあったからねえ。つらいことも。苦しいことも。日本の人にはなかなかわかってもらえない。でも、ここ（日本語教室）に来ると、同じような体験した同世代の人ばかり。安心しますよ」

少しばかり中国語なまりが残るものの、日本語会話はまるで問題ない。日本語教室の優等生だという。

重山が生まれ故郷の鳥取県から家族で満州に渡ったのは一九四一年、七歳のときだった。太平洋戦争開戦の年である。ソ連との国境に近い七虎力《しちこりき》という村に開拓団として移り住んだ。満州には何でもある。土地も食物も豊かさも。重山は父親からそう聞かされた記憶がある。子ども心に、新天地への期待を抱いた。

「でも、実際は何もない土地でした。ただひたすら寒かったという印象しか残っていない」

家族総出で開墾した。とうもろこしや大豆を育てた。

どうにか生活も軌道に乗るかと思ったとき、父親が召集された。男手は重山ひとりになってしまった。後に父親はシベリアで収容所生活を送り、日本に帰国してすぐに病死したことを知る。軍服を着て家族に手を振って去っていく背中が、最後に見た父親の姿となった。

終戦。ソ連軍が重山一家の住む村にも近づいてきた。逃げるしかない。そう、日本へ帰ろう。近所の人たちと一緒に、荷物を背負って日本を目指した。

近くの駅まで行った。いつまで経っても列車は来ない。しかたなく歩いて遥《はる》かかなたの港を目指した。守ってくれるはずの関東軍は、すでに逃走していた。女性や子どもばかりの無防備な隊列が満州の原野を行く。

ある晩、銃声が耳に飛び込んできた。蜘蛛《くも》の子を散らすように、みなで一斉に逃げた。暗闇の中、どの方角に逃げてよいのかもわからない。誰が撃っているのか、どこを狙っているのか、それすらもわからない。

草むらに身を隠した。明け方まで待った。

薄闇の中、離れ離れになった家族を探した。

すぐに母親を見つけることができた。母親は呆然《ぼうぜん》とした表情を浮かべたまま、五歳の弟を背負っていた。

弟の頭から血が流れていた。銃弾が直撃したのであろう。重山がいまでもはっきりと覚えているのは、弟の頭部から流れる鮮やかな血の色と、そして、傷口からはみ出た脳漿《のうしょう》である。

生まれて初めて目にした「死」だった。

母親と一緒に弟を満州の大地に埋めた。

それでも逃避行は続いた。

「その後はあまり詳しくは覚えていないのです。ただただ、原野を歩いた」

ソ連軍なのか、中国軍なのか、あるいは匪賊《ひぞく》なのか。幾度かの銃撃をくぐりぬけ、逃げまどい、身を隠し、海を目指した。ともかく前を向いて走るしかなかった。

そして——祖母が撃たれた。母親も撃たれた。

生き残ったのは、自分と七歳の妹だけだった。

しっかりと妹の手を握り、あてもなくさまよった。どこまで歩けば日本に帰ることができるのだろう。そのことしか頭になかった。

小さな村にたどり着いた。喉が渇いていた。水をもらおうと村人に話しかけた。不憫《ふびん》に思ってくれたのであろう。その人が家の中に招き入れてくれた。ひさしぶりに食事をとることができた。

結局、その家の夫婦が、重山の養父母になるのであった。夫婦には子どもがいなかった。重山たちを我が子のように育ててくれたのだ。

日本に帰国することなく、そのまま五〇年近く、中国で暮らすことになった。

基町アパートは「孤児の街」だった

「養父母には感謝の気持ちしかありません」

大学に進むこともできた。冶金《やきん》の技術を学び、鉄道関係の仕事に就いた。文化大革命の時期は日本人であることを隠し、嵐が過ぎ去るのをじっと待った。そうした苦労はあったけれど、結婚もし、子どもも生まれた。

だが、年齢を重ねていく中で望郷の念が強まった。日本人であることを強く意識するようにもなった。自分は日本を目指して歩いていたのだと、少年時代の記憶がよみがえった。港を目指していた。銃弾の雨をかいくぐりながら、その先の日本を目指していた。

その思いを断ち切ることができない。

五八歳のとき、日本へ渡った。生まれ故郷であるのに、まるで見たことのない景色が広がっていた。人生の最後を、ここで過ごしてみたいと思った。そうすれば、長い逃避行は完結する。祖母が、弟が、母親が目指した日本。

一度中国に戻ってから、日本を再度訪れた。今度は永住するためである。

落ち着いた先が基町アパートだった。

「行政のあっせんです。残留孤児の受け入れ先として、この団地が指定されているのです。同じような境遇の人と、ここではすぐに知り合うことができます。そうした意味において、居心地は悪くありません」

命からがら逃げのびた人がいた。

置き去りにされた悲しみを抱えた人がいた。

共通の経験、共通の思い、共通の風景。それが濃密な人間関係をつくりだす。

だから基町アパートは日本でも中国でもなく、残留孤児にとっては「孤児の街」だった。

寂しさを覚えたことはないと重山はいう。

「ここに来た当初はまるで日本語を話すことができませんでした。でも、不自由を感じさせないほどに、ここでは中国語も通じる。さらには中国の味を提供してくれる食堂も増えました」

孤児一世は、こうして団地のなかで独自のコミュニティをつくり上げた。

だが、地域を一歩離れれば、そこは「日本」だ。

日本人でありながら、日本語が話せない。通じない。

「だから日本語を学ぶようになったんです。日本人であるという意識もしっかり持ちたいと思いました」

日本語教室を主催しているのは、この基町を拠点に活動している「中国帰国者・広島友好会」だ。

役員の劉計林《りゅうけいりん》（五八歳）も、基町アパートに住む。

劉は妻が残留孤児の二世。中国で知り合い、結婚し、妻の希望があって八六年に日本へ渡った。

自身は生粋の中国人であるが、孤児二世の妻のためにも帰国者の相互扶助が大切だと感じ、会を組織した。

「帰国者というのは独特な存在です」

劉はそう説明する。

「日本人でもあるし、中国人でもある。別の見方をすれば、日本人ではないし、中国人でもない。アイデンティティをどこに求めたらよいのか、悩む人も少なくありません。だからこそ、そうした人たちのための組織も必要かと思ったんです。それが設立のきっかけです」

会の活動は多岐にわたる。日本語教室はもちろんのこと、舞踊、太極拳、介護、手芸、二《に》胡《こ》など様々だ。

生活相談も必須だ。最大の問題は帰国者の「貧困」だと劉は指摘する。

「特に一世は言葉が不自由なうえに、ある程度の年齢になってから、日本に来ている。そうなると就職も難しい。低賃金労働に従事できればよいほうで、結局は福祉に頼らなくてはならない人も多い。そうした人のために、生活保護利用の説明などもしています」

広報には余念がないので会の存在は知れ渡っている。駆け込み寺としての機能は果たしてきた。少なくとも帰国者を孤立させないといった当初の目的は達成しているようにも思っている。

日本人の心の中には紙一枚の壁がある

だが昨今、あらたな悩みにも直面するようになった。

日本社会における「反中国」の空気である。

広島では基町アパートに多くの中国からの帰国者が住んでいることは知られている。そうしたことから、巷《ちまた》で流布される〝中国脅威論〟や「反中国」の空気が、ここにもじわじわと侵食しているのだという。

〈基町は中国村〉

〈中国人は出ていけ〉

そうしたチラシが掲示板に貼られることもあるという。

チラシの連絡先には「中国人を追い出す会」と記されていた。

もちろん架空の団体だ。チラシはイタズラに過ぎない。

だが、こうした露骨な差別と偏見は、ますます強まっているのではないか。劉はそう感じている。

「あくまでも個人的な心情でいいますが」と前置きしたうえで、劉は次のように打ち明けた。

「私は根っからの中国人なので、本音をいえば中国に帰りたいなあとも思っています。確かに日本は清潔で便利な国です。でも、本当に住みやすいのかと問われたら、正直、答えに困ってしまう」

――何が問題なのでしょう。

私の問いかけに、こんな答えが返ってきた。

「人と人との間に距離がある」

なるほど。中国人からすれば、それは大きな問題であろう。私は中国に仕事で出かけるたびに、人と人の「近さ」を感じることが多い。見知らぬ人同士がすぐに打ち解け、友人となっていく様子を、何度も目にしてきた。列車に乗れば、向かい合わせに座った人が、まるで長年の友人でもあるかのように話しかけてくる。食堂で隣り合った人が、自分の皿を回してくれる。そうした「距離感」に慣れてしまえば、日本社会というのはなんともよそよそしく映るはずだ。

「実際、私も日本人と本音で交流する機会は多くありません。もちろん外国人として来日したことを考えれば、それも当然かもしれない。ですが、日本人としての自覚を持っていながら、日本社会から〝外人扱い〟されてしまう残留孤児一世、二世の人たちからすれば、それは耐え難《がた》いことかもしれませんね」

実際、前出の重山も、相当に日本語を話すことができるにもかかわらず、「なかなか日本人として見られることがない」と嘆いたのであった。

劉が続ける。

「確かに中国系住民のなかには日本の習慣を知らずに、マナー悪くふるまってしまう人もいます。しかし、そうした一部だけを見て、すべてのトラブルを中国系住民のせいにしてしまう人も少なくありません。だから、いつまで経っても肩身が狭い」

さらに劉は、私にこう訊ねた。

「日本人の心の中には、紙一枚くらいの厚さの壁があるように思うのですが、どうですか?」

うーん。そう唸《うな》るしかない。

紙一枚の壁。たぶん、ある。あるけれども、紙一枚分ならば、破けないこともない。

そんな答えにもならない中途半端な返答に、劉は複雑な表情を見せるだけだった。

さらに、こう追い打ちをかける。

「残留孤児って、日本の責任問題でもありますよね。なぜ、みんな冷たくする?」

今度は唸ることもできない。

沈黙し、考え込む。わからない。うん、よくわからないよ、劉さん。

劉もまた、生真面目な顔で黙り込むだけだった。

平和の軸線

二〇一八年七月、基町アパート商店街の一角で「写真展」が開催された。展示されたのは基町アパートの完成直前、直後の風景写真だ。いずれも地域の住民から提供されたものだった。

質素な木造住宅の前に立つ姉妹の写真があった。おかっぱ頭でサンダル履きの少女は小学生だと思われる。家の前の道路は未舗装で、ところどころに水たまりが見える。一九五四年ごろというキャプションが添え書きされていた。団地一帯が原爆スラムと呼ばれていた時代だ。特別な意味を持たない日常の風景ではあるが、そこに焼け野原を生き抜いた人々の営みが見えてくる。

団地ができたばかりの時代の商店街の写真もあった。かつて、商店街の中心には「正門市場」があった。エプロン姿の主婦でにぎわう市場の写真に写りこんでいるのは、整然と並ぶ醤油《しょうゆ》の一升瓶だ。この時代、醤油は量り売りされていた。

団地の公園で遊ぶ子どもたち。地域の祭り。団地の屋上から見た風景。

これらモノクロ写真から伝わってくるのは立ち止まることを知らない街の躍動だ。

写真展を主催したのは「基町プロジェクト」。地域活性化を目的とした地元の若者グループである。

若者たちが活動拠点としている商店街の一室を訪ねた。地味な商店街にあって、そこだけは〝おしゃれカフェ〟を思わせるスタイリッシュな空間だった。拠点名は「M98」。

「Mは基町の頭文字。98は、かつてそこが商店街の九八号店舗と呼ばれていたからです」

そう説明してくれたのは同プロジェクトのスタッフである増田純《ますだじゅん》だ。増田の本業は広島市立大学の非常勤特任教員。同大学生時代から、基町アパートの活性化に取り組んできた。

「基町プロジェクト」が始動したのは二〇一四年である。広島市が地域住民との間で進めてきた「基町住宅地区活性化計画」に基づき、広島市大芸術学部の学生を中心に、絵画などの芸術作品を展示するアートロードなどのイベントが団地内で企画された。これを端緒に、団地をソフト面で再開発していくための活動が始まる。

増田はまだ学生だったそのころから同プロジェクトに参加している。

「市内の大学に通っているとはいえ、それまで基町アパートのことはよく知りませんでした。

古くから存在する団地、といったイメージしかなかったのです」

　アートによる活性化という〝課題〟を芸術学部の学生として引き受けた増田は、基町の歴史を調べていく過程で、ある種の〝発見〟をする。

「原爆慰霊碑、原爆ドーム、そして基町。これらが直線状に並んでいる。なるほど、これは平和の軸線なのだと思いました」

　活動を始めたばかりの時分は、基町を地域におけるたんなる「点」としか見ていなかった。だが、軸線を意識することで、この街との関わり方を真剣に考えるようになったという。

「活性化といえば、どうしても単発のイベントで盛り上げることばかりを考えてしまいます。もちろん、私たちも当初はそうでした。スポット的な展覧会などを開催し、団地を華やかな雰囲気で満たそうとしたのです」

　それはそれで、ひとつの意味はあった。

　色彩に乏しい地域が、アートでよみがえる。それだけでも画期的なことではある。だが、イベントは打ち上げ花火と同じだ。閃光《せんこう》の後には、再び漆黒の夜空が戻るだけだ。

「常態化させなければ意味がないと、プロジェクトに参加するみなで考えるようになったんです。高齢化が進む団地に若い人を呼び込み、さらには多国籍であることの利点も生かし、世代や文化をクロスオーバーできないかと思いました。また平和の軸線上にあることを考え、歴史を継承することも大事だと思うようになりました」

腰を据えることにした。つまり、イベントのたびに集まるのではなく、ここを拠点としたのである。そこで空き店舗を使って設けたのが「M98」だった。

メンバーを常駐させ、地域との交流活動に参加する。

たとえば、いまでは定期的に「もとまちカフェ」を開催。ハーブティーなどオリジナルのドリンク類を住民に提供している。

団地近隣に住む外国人を講師に招き、それぞれの国の郷土料理を学ぶイベントも繰り返した。

年に三回、「もとまちタイムズ」なる地域新聞も発行している。イベントの告知や報告を中心に、団地内の情報を盛り込んだものだ。これをスタッフが団地全戸に配布して回る。

また、地域で活躍する人々を招いた講演会も定期的に開催している。

実は前述したガタロも、一七年には講師として参加した。地域に溶け込んだ芸術というテーマで熱弁をふるうガタロに、多くの人が感動を覚えたという。

歴史があり、人がいて、そしてそれぞれが「意味」を持ち、狭い地域の中で交わる。それが団地だ。「基町プロジェクト」は、まさに地域内における「クロスオーバー」を目指している。

「それでも課題は多い」と増田は真剣な表情で訴える。

「活動がメディアなどで取り上げられる機会も増えました。参加者も増えている。現在、市大や広島修道大の学生ら約三〇名が関わっています。ですが、住民との交流という点では、まだまだ発展途上です」

住民の中には「若い人が何かやっている」といった程度の認識しか持っていない人も少なくない。

外国人にいたっては、まだ認識すらしていない人も多い。

「外部から人が集まって、騒いで帰っていくだけだと、冷ややかに見ている人だっているでしょう。だからこそ、どんどん溶け込んでいかなければいけないと思っているんです」

地域活性化とは何か――増田らプロジェクトのメンバーは常にそれを考えている。

イベントだけでいいのか。若い人が主導権を取れば、それが活性化といえるのか。外国人とのコミュニケーションはどうするのか。

「住民がただバラバラに住んでいるだけでは、団地本来の意味を見出《みいだ》すのは難しいのではないでしょうか」

関わること。そこにいること。そして、交わること。

増田は、それこそがプロジェクトの本当の目的なのだと強調した。

「私たちも軸線の上に立っている。つまり、歴史の中にいるのだと意識せざるを得なくなりました。本当の再生とは何なのか、常に考えていきたいと思っています」

七月におこなわれた写真展では、昔の写真を外に持ち出し、現在の風景と重ね合わせるといったイベントも開催した。

いつも、そこに人が生きていた。

住人も景色も移り変わった。

だが、平和の軸線の上で、基町アパートは変わらぬ姿を見せている。歴史を抱え、人間の営みを抱え、被爆都市の一角を占めてきた。

新しいものをつくり、過去と断絶することが再生なのではない。いまの姿が過去とつながっていること、つまり、歴史の軸線もそこには引かれているのだということに、若いエネルギーが気付き始めたのである。

第六章

「日本人」の境界

——差別と分断に屈しない

愛知県豊田市保見団地

きっかけはほとんど〝ごみ問題〟

早朝の保見《ほみ》団地（愛知県豊田《とよた》市）で、ごみステーションの掃除をしている男性がいた。きちんとごみが仕分けられているかどうかを丹念にチェックする。捨てられたペットボトルの山の中に手を突っ込み、中身が入っているものがあれば、取り出して洗浄する。藤田《ふじた》パウロ（七三歳）。同団地に住む日系ブラジル人だ。

「きれいにしないとね。カゴの外にごみははみだしちゃダメ。飲み物が入ったままのペットボトルもダメ」

最後に周囲を水で洗い流す。完璧《かんぺき》だ。ここまで清潔なごみ置き場など見たことがない。

藤田はもう二〇年も前から、こうして早朝の掃除を欠かさない。いうまでもないが、当然ボランティアだ。誰に頼まれたわけでもない。自分の意志で続けている。

――なぜ、そこまできれいにするのですか？

「う～ん」と私の問いに対し、少しばかり複雑な表情を見せた。

「私自身、汚れた場所は好きじゃないし。何といっても自分が住んでいる場所だから。それから……」

言葉が途切れる。そして、私の顔をおそるおそるのぞき込む。

——それから？

答えを急《せ》かすような私に対し、藤田はちょっと困ったような顔つきでこう答えた。

「ごみステーションが汚れていると、日本人はすぐにブラジル人のせいにするでしょ？ ブラジル人が汚していなくてもブラジル人のせいにされる。だからどんなときでもきれいにしておかないと」

藤田が口にする「日本人」という言葉の響きには、戸惑いや恐れが含まれているような気がした。

藤田自身が日系二世である。ブラジル生まれとはいえ、父親は岡山県出身、母親は大阪府出身の「日本人」だ。それでも藤田にとって「日本人」は、ちょっと違う地平に立つ人々なのだ。

「すぐ怒るからね、日本人。ごみのことになると」

日本中どこの団地であっても、外国人が白眼視される場合、きっかけはほとんど〝ごみ問題〟である。

分別ができていない。決められた日にごみ出ししない。集積所を汚す。とにかく決まりを守らない。そうした批判、非難が外国人住民に向けられる。

「残念だけど、少し当たっている」

藤田がぽつりと漏らす。

「習慣の違いが大きい。最初はごみ出しの方法もわからない。日本語もわからないからルールも理解できない。ごみ置き場があれば、どんなごみでもそこに捨てればよいのだと思い込んでしまう。誰もが最初は間違いをおかす。

「でもね、すべてブラジル人のせいにされても困るよ。日本人のなかにだってマナー悪い人はいる。でも、ここは日本だから。日本人の国だから。ブラジル人が何をいっても通用しない」

保見団地のごみステーションが「ブラジル人によって汚されている」という話題が流布されたことで、実は、近隣の他地域から、わざわざごみを持ち込むような者たちも出てきたのだ。そのことは一〇年ほど前から保見団地を定期的に訪ねている私の耳にも入っている。深夜、車で乗り付けて、粗大ごみを捨てていくような者が後を絶たないのだ。

だが、それでも「ブラジル人のせい」にされてしまう現実。

「日本人はきれい好き。いいことですよ。私はそれを尊敬している。でもね、ごみのこととなると、すぐに感情的になる。正直にいうと、それは怖い」

だから掃除する。日系ブラジル人である自分こそが、その役目を果たすべきだと考えた。

ブラジル人が掃除している姿を見てもらいたい。率先して動いている姿を確認してもらいたい。ブラジル人はごみステーションを汚すだけじゃないんだ。そうした思いで二〇年間、掃除を続けてきた。

以前よりも理解は広まったという。「ごくろうさま」と声をかけてくれる日本人のお年寄りもいる。

——じゃあ、よかったじゃないですか。

「う～ん」

藤田はまたしても考え込む。やはり複雑な顔つきになる。

「本当に信頼されているかなあ。正直、日本人の本音がわからないときもあるんです。日本は人と人の距離が遠いから。どう思われているのか、よくわからない部分もあるんです」

いまでもときおり、生まれ育ったブラジルが恋しくなる。

知っている人とも、知らない人とも、道ですれ違ったら声をかけ合うのが習慣だった。「ボンジーア！」。それだけで誰もが「知り合い」になることができた。初対面の人と道端でその日の天気について語り合うようなお国柄だった。

「日本では隣近所の人でも、一度も会話したことのない人っているでしょ？　それがよくわからない。ここは大きな団地で、たくさんの人が住んでいるけど、日本人と親しくなることは少ない。だからねえ……」

——だから？

「たまあにブラジルに帰りたいなあと思うんです。いや、どっちがいいのかなあ。子どもたちは小さなころから日本で育ってるから、もう日本のほうになじんじゃっているし。ブラジルは犯罪も多い国だし。日本のほうがいいのかな。よくわからないな」

藤田は揺れている。

デカセギブーム

藤田が生まれ育ったブラジルを離れ、日本に来たのは一九九〇年。

「デカセギです」

そのころ、ブラジルはいま以上に景気が悪かった。

サンパウロ郊外の街で、金細工の仕事をしていた。ハンドメイドの指輪やキーホルダーをつくり、それを売っていた。

だが、商売はそれほど順調とはいえなかった。失業率が高いブラジルでは、高価なアクセサリーどころの話ではなかった。

「治安も悪かったんです。強盗に入られたことも三回あります」

本物かニセモノかはわからないが、とにかく拳銃《けんじゅう》らしきものを持ったグループが店を襲った。金庫から現金を奪い、売り物のアクセサリーも根こそぎさらっていった。

「このままブラジルで暮らしていても生活は豊かにならない。ならば日本に行ってみよう。そう思ったんです」

そう、このとき、ブラジルの日系人の間では「デカセギ」がブームになっていた。

八〇年代から、生活が苦しい日系人の間では、日本に短期滞在して働く人が増えてきた。

だが、それでも八〇年代は、日系人にとって「デカセギ」はあくまでも特殊な事例だった。かつてブラジルを取材で訪ねた際、地元紙の日系人記者は私にこう告げた。

「八〇年代まではまだ、ブラジルの日系社会ではデカセギを否定的にとらえる人が多かったんです。特に移民として苦労してきた一世たちの間では『デカセギは移民の恥』といった声すら強かった」

いくら生活が苦しくともカネのために日本へ渡ることは、開拓者としてのプライドが許さなかったのだろう。

九〇年になると入管法の改正によって、三世までの日系人には定住者としての資格が与えられるようになる。つまり長期で滞在し、自由に就労することが可能となったのだ。

さらには「プライド」だけでは済まない生活上の事情も深刻化していた。ブラジル経済の混迷によってインフレが加速していた。庶民の暮らしは疲弊していた。都市部の日系人は商業、サービスの分野で働く者が多かったので、消費低迷の直撃を受けた。

九〇年当時、日本とブラジルの賃金格差は一〇倍にも広がっていた。雑な計算ではあるが、日本で一年間働けば、ブラジルにおける一〇年分の賃金を得ることができたのである。もちろん生活に必要なコストを無視した机上の計算に過ぎないが。

これをきっかけに、日系人の多い南米では「デカセギ」が一気にブームとなる。最大の送り出し国はブラジルだった。同国には約一五〇万人の日系人が住んでいる。それだけに日本とのつながりも深く、就労にあたっては様々なルートが確立されていく。九〇年八五年、日本におけるブラジル人の外国人登録者は一九〇〇人に過ぎなかったが、九〇年には一気に五万六〇〇〇人にまで増加した（ちなみに現在は二〇万人である）。

日系人は合法的労働者供給源だった

一方、日本もまた日系人の受け入れ拡大を必要とする理由があった。入管法の規制緩和はたんなるサービスで実施されたわけではない。

八〇年代の半ばから、日本では無資格で就労する外国人が急増した。人手不足に悩む工場や建設現場、サービス産業など、いわゆる３Ｋ職場では、安価な賃金で働く無資格就労者の外国人は歓迎された。雇用の調整弁とされたのである。

これに危機感を持ったのが日本政府である。外国人の単純労働禁止は日本の国是であった。是が非でも保守しなければならない。しかし単純労働者が絶対的に不足しているのも事実だった。そこで苦肉の策として実施されたのが当時の入管法改正だった。

入管当局の一斉取り締まりによって「不法滞在」外国人の摘発を強化する一方、日本人の血を引く日系人の受け入れを進めた。労働鎖国という法体系を崩すことなく、単純労働者の確保を目指す、なかなかの奇策であった。日系人の受け入れ拡大は「血統主義」に基づいているため、他の外国人より優遇されることへの風当たりは少ない。よく練られた国策ではある。こうして日系人は「例外的に自由に働ける外国人」として、我が国における合法的労働者供給源となったのである。

藤田も、その波に乗った。

九〇年といえば、ブラジル各地で雨後の筍《たけのこ》のように、日本での就労をあっせんする派遣会社が設立された。サンパウロの日系人街・リベルダーデでは、「日本で稼ごう」と書かれたチラシが街路の各所でばらまかれた。

そのチラシを受け取り、日本を目指したのが藤田である。

「日本人の両親を持ちながら、しかし日本のことをよく知らない。漠然と、お金持ちの国というイメージはありました。とにかくしっかりと稼いで、それからまたブラジルに帰るんだと決意しました」

家族を置いて、単身での「デカセギ」だった。必ず帰ってくるのだと妻と子どもたちに誓った。

派遣会社にあっせんされたのは、豊田市の自動車部品工場である。いうまでもなく、同市はトヨタのお膝元《ひざもと》。当時ブラジル人雇用の受け皿となったのは自動車産業と精密機械産業だった。基本は単純労働であり、日本語のコミュニケーションもそれほど必要としない。しかも両産業は労働力不足に悩んでいた。

そうしたこともあり、これらの産業が集中する地域、具体的には豊田市周辺と群馬県にブラジル人がどっと押し寄せる結果となったのである。

藤田はそのときから保見団地に住んでいる。

小さなブラジル

保見団地は一九六九年に当時の住宅公団と、愛知県によって共同開発された。入居が始まったのは一九七五年である。丘陵を削って開発された大型団地は、近隣の豊かな自然と、商店街など充実した生活環境で評判を高め、一時は一万二〇〇〇人もの住民を集めるまでになった。

ここに日系ブラジル人が暮らし始めるようになったのは八〇年代後半から。前述した入管法改正によって日系ブラジル人の無期限就労が可能となった九〇年からは一気に急増した。周辺の自動車関連企業へ通勤しやすいといった地の利の良さと、民間マンションと比較して安い家賃が、ブラジル人を引き寄せた。また、派遣会社もブラジル人のための寮として、大量に部屋を押さえるようになった。

いまでは全住民（八〇〇〇人）の約半数がブラジル人など日系南米人で占められている。

まさに「小さなブラジル」だ。

団地内を歩くとそれを実感する。

耳に飛び込んでくるのは情感豊かな響きを持つポルトガル語だ。団地内の看板も、日本語とポルトガル語が併記されている。商店街の中心部に位置するスーパーもブラジルの食材が豊富で、もちろん店員の多くもブラジル人である。

ブラジルの街角で見られるようなカフェも、そしてポルトガル語の看板が掲げられた美容院もある。

だが、藤田が団地住民となったばかりのころは、まだブラジル人は少数派だった。言葉も不自由、しかも仕事を覚えるので精いっぱい。生活を楽しむ余裕などなかったという。

「勤めたのはトヨタ車のバンパーなどをつくる工場でした。時給一五〇〇円です。ブラジルでは考えられない高給与でした。しかし、仕事はきつかった」

このときすでに四〇代の半ば。重労働は体にこたえた。

だがそれ以上にきつかったのが日本の物価の高さだった。

「時給が高くても当たり前だと思ったよ。当時はまだブラジル人が増えていく過程だったので、ブラジルスーパーもありませんでした。しかたなく近所の名鉄スーパーで買い物していたのですが、とにかくすべての商品が高くて驚きました。肉なんてね、ブラジルの何倍するんだろう。ブラジルでは毎日のように食べていた牛肉にいたっては、まるで宝石のような値段。しかも一〇〇グラムとかで売られているでしょう？　ブラジルでは一度に五キロくらい買うんだけど、そんなことしたら給料がすべてなくなってしまう」

好物のフェジョアーダ（インゲン豆を煮込んだ料理）を食べたくても、肝心のフェジョアーダ用のインゲン豆が見当たらない。周囲のブラジル人から大豆を代用品にしていると聞いて試してみたが、まるで違った味になってしまい閉口した。

そして、団地の生活にも違和感を覚えた。

前述したように、日本人との交流をほとんど持つことができなかったからだ。

「この団地には続々とブラジル人が入居してきました。しかし、それを日本人住民はあきらかに歓迎していなかった。こちらとしては日系人という意識があるから日本人に対してはどんな国の人よりも親近感を持っていましたが、それでも日本人からすれば私たちは〝ガイジン〟に過ぎなかったんですね」

とはいえ、コミュニケーションと物価の問題を除けば、けっして悪い国じゃない。賃金も高い。なによりも治安が良い。これは大事なことだった。

「どんなに明るくて陽気な国であっても、治安の悪さは致命的です。さんざん考えた結果、家族も日本に呼び寄せようと思いました。子どもたちはまだ小さかったので、きっと日本に順応できると思いました。犯罪に巻き込まれる心配の少ない日本で高い教育を受けさせることこそ、親の役割だと思うようになったんです」

ガイジンへのイジメ

来日した翌年、家族を保見団地に呼んだ。

たんなる「デカセギ」のつもりでいたが、悩んだ末に定住の道を選択したのだ。

妻も、子どもたちも、ブラジルでは見たことのない清潔で安全な高層住宅の群れを喜んだ。想像していた大都会ではなかったが、少なくともここではギャングの抗争もなければ、拳銃を持ってうろつく悪ガキもいない。

だが――銃弾が飛び交うことはなかったが、別の恐怖が子どもたちを襲った。

イジメである。

藤田が居住を始めたころ、団地に隣接する小中学校では、日系ブラジル人はまだ完全なマイノリティだった。

「顔立ちは日本人であっても、日本語が不自由。しかも生活習慣もカルチャーも違う。そうしたことから、どうしても日系ブラジル人はガイジンとして浮いた存在となってしまう」

日本語の発音がおかしいと馬鹿にされ、学校の規律になじめないからと先生にも叱られた。結局、不登校となるブラジル人の子どもも少なくなかった。

藤田の次男が中学校一年生のときだ。同じクラスのブラジル人が日本人の同級生に殴られた。次男はそれを目にして、同級生に抗議した。すると、次男の剣幕に気圧《けお》された同級生は、その場から走って逃げようとし、転んでしまった。同級生の膝小僧から血が出ていた。

これが大問題となった。

藤田は次男と一緒に学校に呼び出された。

「同級生をケガさせた」

先生は次男を非難した。なぜ乱暴なことをするのかと詰問した。

次男は「暴力などふるっていない」と反論し、「そもそも友人を殴ったうえに、ぼくから逃げようとして転んだだけだ」と訴えたが、先生は聞く耳を持たない。

「現実にケガをしているのは、あの子だ」といって、やはり親と一緒に呼び出された同級生を指さした。

膝小僧をケガした同級生の母親も怒りの表情を浮かべていた。「ウチの子は悪くない」「ケガさせられた」と何度も主張するばかりで、友人を殴った事実を認めようとはしなかった。

次男が暴力をふるうはずがない。藤田はそう信じていた。そもそもブラジル人が教室でイジメの対象となっていることは、これまで何度も次男から聞かされてきた。

「ブラジルに帰れ」。同級生から何度もそういわれてきたことも知っている。学校の中で「ブラジル人」とは、人種や国籍を表す言葉ではなく、中傷、嘲笑《ちょうしょう》の記号だった。「ブラジル」という言葉を誰かが口にするだけで、座が盛り上がる。

今回の事件も次男から詳細な報告を受けている。次男のいうことに間違いはない。そう信じていた。

だが――藤田はケガをしたと訴える相手の親と先生に深々と頭を下げた。

「ごめんなさい」

横に座る次男が驚いた顔で藤田を見つめる。「ぼくのせいじゃない」といいかけた次男の口を押さえ、もう一度深々と頭を下げた。

「そうするしかないと思ったんです。最初から悪いのはブラジル人だと決まっているんです。その流れに逆らえば、息子はさらに悪い状況に追いやられてしまう。口論したところで何ひとつ良いことなどないんだ。私はそう思いました」

何度も頭を下げた。謝罪の言葉を繰り返した。ここは日本だ。日本人の国だ。自分にそういい聞かせた。

相手の親も先生も満足げな表情を浮かべていた。これで良いのだ。日本で生きるというのは、こういうことなんだ。藤田は頭を下げることで、次男が生き延びる道を選択したのだった。

それから、次男との間にしばらく距離ができてしまった。

「おそらく、次男は私のことを許せなかったのでしょう。当然です。次男が悪くないことは私が一番よく知っています。だからこそ、私に裏切られたと思ったのでしょう」

その日以来、次男は「勉強したくない」といい出すようになった。学校も休みがちになった。

修羅と葛藤《かっとう》の日が続いた。

「そのことにはあまり触れたくない」と藤田は苦しげな表情を浮かべていう。

そうだろう。おそらくは消してしまいたいような日々が繰り返されたことであろう。それは、他人に嬉々《きき》として話せるような内容ではないはずだ。

現在、次男は結婚して、幸せな生活を送っている。孫を連れて藤田のところを訪ねることも少なくない。

「それで満足です」

その短い言葉に、親子がたどり着いた地平を思った。親子だけが知る長い物語は、けっして悲劇で終わらなかったことを知っただけでも、私は安堵《あんど》した。

保見団地抗争

九〇年以降の保見団地の歴史は、日本人とブラジル人の対立の歴史でもある。

ごみ出しをめぐるトラブルがあり、騒音や生活習慣をめぐるトラブルがあった。日本人住民による差別や偏見は、ブラジル人を〝外敵〟のように扱った。

一方、日本人住民の側からすれば、ブラジル人こそが、侵略者だった。ルールを守らないわがまま。騒々しい。

分断と亀裂《きれつ》は、その後、大事件に発展する。

一九九九年。俗にいう「保見団地抗争」が起きた。

きっかけは些細《ささい》なトラブルだった。深夜、団地内に出店するラーメン屋台で、地元の若者グループが食事していた。そこにたまたま通りかかったブラジル人少年を、グループのひとりがからかった。ブラジル人であることを笑いものにされた少年は、よほど悔しかったのであろう。団地内に住む仲間の少年を呼び寄せ、日本人グループと殴り合いのケンカとなったのである。

ここまでは、けっして珍しくはない団地の風景だった。ケンカは日常茶飯事だったのだ。だが、そのときは一線を越えた。翌日、日本人グループは報復に出た。全員が鉄パイプや木刀で武装し、前夜のケンカに参加した少年たちを捜して歩いた。結局、目指す相手を見つけ出すことはできなかったが、腹いせにブラジル人が所有する自家用車を鉄パイプで滅多打ちにした。

騒動は続く。数日後、保見団地に現れたのは右翼団体の街宣車と、数十台のバイクを連ねた暴走族である。団地内を走り回りながら、大型のスピーカーから「ブラジル人を叩《たた》き出せ！」とがなり立てた。いまでいうところの〝ヘイト街宣〟である。

翌日夜。今度は保見団地の敷地内に停めてあった右翼団体の街宣車が、何者かによって放火された。街宣車は炎上し、丸焦げとなった。

ここまでくればもう、一触即発だ。

右翼団体と暴走族は「ブラジル人の一掃」「襲撃犯殲滅《せんめつ》」を訴え、県内の別組織にも応援を要請し、保見団地に結集した。数十台の街宣車が保見団地を取り囲み、バイクや改造車が轟音《ごうおん》をあげて周回した。

一方、ブラジル人グループも全面対決を覚悟した。チェーンやバットなど、とにかく武器となりそうなものをかき集め、団地内の駐車場に集まった。ブラジル人側も、県内のブラジル人たちに応援を要請、続々と人が集まった。

慌てたのは愛知県警である。名古屋《なごや》などの繁華街ならともかく、閑静な住宅街において、ここまで大掛かりな抗争は初めてだった。

県警の機動隊が出動し、両者の間に割って入るように装甲車を並べた。上空からは県警のヘリコプターがサーチライトで両陣営を照らし続けた。

マスコミも集まった。まるで衝突を期待するように、興奮した記者やリポーターが団地内を駆け回って取材していた。

「戦争前夜だ」「まるで戒厳令のようだった」

当時を知る住民に話を聞くと、そんな答えが返ってくる。

藤田も、その夜のことははっきりと覚えている。

「あんなにすごい数のヤクザを目にしたのは初めて」だったという。だが、それほど恐怖は感じなかったとも付け加える。

「日本のヤクザは口だけの人が多いですからねえ。ブラジルだったら、子どものギャングが平気で拳銃を振り回しますからね。撃たれないだけ日本のほうがマシだとも思いました」

むしろ藤田が「怖い」と思ったのは、暴力に巻き込まれることよりも、日本人とブラジル人の間に走る亀裂が、さらに広がることだった。

「そのほうがよほど絶望的」

ヘリコプターのサーチライトを眺めながら、藤田は抗弁できない自らの出自を思っていた。

幸い、この日は機動隊の封じ込めによって、大規模な衝突は防ぐことができた。だが、これをきっかけに、しばらくの間は右翼団体と暴走族による「ブラジル人排斥」街宣が続く。

ちなみに騒動の最中において、保見団地に住む一部日本人住民は「これ以上外国人を入居させないでほしい」と、住宅公団や県に申し入れをおこなった。

「共生」には程遠い状況がそれからしばらく続くのである。

ガイジンは雇用の調整弁にされた

両者の間に小さな歩み寄りが見られるようになったのは今世紀に入ったばかりのころだ。ブラジル人急増に関心を持った研究者やメディアによって、保見団地の知名度が高まった。それにより「共生」に向けて様々な取り組みがおこなわれるようになった。

藤田の次男のような不就学生徒を対象に、学習支援をするボランティア組織も生まれた。生活相談に取り組むグループもできた。日本人とブラジル人の間に立った、相互理解の動きが進んだ。

それは当然の動きであったのかもしれない。豊田市は文字通りトヨタの城下町である。トヨタの関連企業で働く労働者の少なくない数が、日系ブラジル人なのだ。もはやブラジル人なくしてトヨタは動かない。その存在感はますます強くなる一方だった。

二〇〇八年、世界的大不況であるリーマンショックが保見団地にも波及する。非正規雇用がほとんどの日系ブラジル人を直撃した。多くのブラジル人が首切りにあい、仕事を失った。保見団地は失業者であふれた。

私が初めて保見団地に足を運んだのは、まさにこのときだった。同年末のことだ。

保見団地は沈んでいた。多くのブラジル人住民が神に見放されたような表情をしていた。公園でベンチに座り込んでいたのは、沖縄にルーツを持つヒガ・カルロス（当時四三歳）だった。

「派遣会社の寮を追い出されたので、ここに来ている。住むところがなくなったので、この団地に住む友達の家に居候させてもらっている」

ヒガは浮かない声でそう訴えた。

自動車部品工場で派遣社員として働いていたが、リーマンショックの直後に首を切られた。一方的な〝派遣切り〟だった。仕事と住居の両方を失った。あらたに家を借りる余裕もなく、保見団地の友人を訪ねて、どうにか雨露はしのいでいる。

だが、友人は四人家族。ヒガは三人家族だ。２ＤＫの家に七人。

「友達には感謝している。でも、狭くて窮屈。子どもたちがかわいそう。早く仕事と家を見つけたい」

同団地において、こうしたケースは珍しくなかった。「保見団地に行けばなんとかなる」。そう考えるブラジル人も少なくなかった。そして実際、保見団地に住むブラジル人は、他所《よそ》から来たブラジル人を受け入れた。困っている人がいたら放置できないのが、ブラジル人気質でもある。同情で知り合いを受け入れ、２ＤＫに七人どころか一〇人以上で暮らしている家庭もあった。

「日本人、私たちと話したがらないでしょ?」

ヒガは〇六年に来日した。最初は広島県の造船工場で働いた。「瀬戸内海《せとないかい》の風景は思い描いていた日本そのものだった」とヒガはいう。

二年後、さらに高い給与を求めて豊田市の自動車部品工場に移った。

豊田に海はなかった。工場ばかりで風景もくすんで見えた。だが、そこには瀬戸内海ではけっして目にすることのできない風景があった。

「街中にブラジル人がいました。ポルトガル語の看板もあちこちにあった。なんだか安心しました」

ところが、工場で働き始めて一年も経たずにリーマンショックが襲う。ブラジル人の契約社員全員が首切りを宣告された。派遣契約が切れる前の解雇である。当然、違法だ。だが、どれだけ抗議しても、会社側も派遣会社も「仕事が途絶えたのだからしかたがない」と答えるばかりだった。結果、家族もろとも寮からも追い出されてしまったのである。

まだ日本に来てから三年目。「デカセギに来たのだから、まだ帰るわけにはいかない」。ヒガはそう繰り返した。

私はヒガに訊《たず》ねた。

——日本が好き？

少しの間をおいてからヒガは答えた。

「好きだよ。安全。清潔。銃を持った子どももいないしね」

でも、と続ける。

「日本人は礼儀正しくて真面目だけれど、どこかでブラジル人を馬鹿にしているようにも感じる」

工場で問答無用の解雇にあった経験がそういわせているのか。いや、そうではない。「馬鹿にされている」と思う理由を訊ねると、ヒガはこう答えたのだ。

「日本人、私たちと話したがらないでしょ？」

デカセギに来たブラジル人はルーツを日本に持ちながら、しかし、日本人と交流する機会をほとんど持たなかった。同じ地域に住む生活者として接することもなかった。

保見団地もそうだった。

そのことを強く感じたのは、翌〇九年二月。団地内でおこなわれた「一日派遣村」を取材したときだった。これは同じころに東京で開かれた「年越し派遣村」に倣い、派遣切りや雇い止めにあった生活困窮者の支援を目的としたものだ。

団地中心部のスーパー前を会場に、ボランティアや医師や弁護士が集まった。生活、健康相談をおこない、スープやカレー、サンドイッチなどがブラジル人失業者らにふるまわれた。

主催した「保見ヶ丘ラテンアメリカセンター」代表の野元弘幸《のもとひろゆき》は、同団地に住むブラジル人住民の窮状を次のように話した。

「団地に住むブラジル人のうち、八割ほどが失業状態にあるのではないか。ほとんどが間接雇用で、しかも外国人であるという理由から雇用契約がいい加減なケースも少なくない。雇用保険や社会保険に未加入という人もいる」

スープの大鍋の前に多くのブラジル人が列をつくった。家族連れがほとんどだった。

ボランティアスタッフの数も多かった。

だが、そのなかに団地住民の日本人の姿はほとんど見ることはなかった。それどころか、団地のど真ん中でにぎやかに炊き出しをおこなっているというのに、見物に訪れる野次馬さえいなかった。

ボランティアスタッフのなかで、数少ない団地住民のひとりである佐久間由隆《さくまよしたか》は、「こうしたことに興味を持つ日本人住民なんて、ほとんど存在しないんじゃないかなあ」と苦笑した。

「深く対立しているわけではないと思う。要するに興味がないいんですよ。無関心、非協力。

それが団地に住む日本人住民の平均的な姿かもしれません。もちろん、団地に住む日本人のお年寄りだって、自分の生活を維持するのに精いっぱいですからね。当然ながら外国人と交流することに慣れていないという点もある」

働き盛りであるにもかかわらず、仕事を失った外国人。そして、細々と年金生活を続ける高齢の日本人。毎日すれ違っているのに、同じ地域で暮らしているのに、接点はなかった。どちらの側も、相手を隣人であると意識することができなかった。互いに〝見えない存在〟だった。

日本社会との接点を探る

だが、そうした中で、わずかでも交流の機会を持とうとする動きはあった。

派遣村の開催と時を同じくして、団地内で小さな団体が産声を上げた。

「保見ヶ丘ブラジル人協会」。ブラジル人住民による組織だ。

代表に就任したのはマッツダ・セルジオ・カズト（当時五五歳）。やはり自動車関連工場で派遣社員として働いていた。

マツダが協会の設立を思い立ったのは、不況と失業に翻弄《ほんろう》される同胞たちの姿から、「自立」の必要性を痛感したからだという。当時、マツダは私の取材にこう答えている。

「なんとかなるのだとブラジル人特有の楽観性で乗り切るだけでは限界があると思ったんです。日本に住んでいる以上は、我々自身がまず、自力で社会を乗り切っていくような力をつけるしかない」

マツダは九〇年に来日した。日系社会の中では古株だ。日本語能力も問題ない。そうした経験と知恵を生かし、同胞のために生活相談を実施し、日本社会との接点をも探っていきたいのだと熱い口調で訴えた。

「私たちブラジル人が、自分たちの手で日本人との相互理解をつくっていかなければならない。日本人を理解し、そして自分たちへの理解も求める。その努力を、これまで怠ってきたようにも思えるのです」

ブラジル人は自分たちだけのコミュニティに依存しすぎたのではないかとマツダは思っている。日本語が不自由でも、なんとかなってきた。特に日本人を理解する必要もなかった。保見団地とは、そういう場所である。ブラジル人にとっては緊張を覚える必要のない聖域だった。だが、不況で仕事を奪われ、丸裸にされ、生活がたちゆかなくなれば、ブラジル人コミュニティもただの孤立した集団でしかない。

「日本人と一緒にここで生きていくのだという覚悟を示したい」

マツダはそう何度も繰り返した。

この動きに興味と関心を持った日本人住民もいた。

藍葉《あいば》謙二《けんじ》がそのひとりだった。

藍葉は団地内の「保見ヶ丘パトロール隊」の責任者を務めていた。藍葉は団地に住んで二五年。他の多くの住民と同じく、ブラジル人住民の存在には無関心だった。

「それどころか、ブラジル人なんて出て行ってほしいとさえ思ったことがある。なんとなく治安を乱すような存在に思えて、ブラジル人の存在がいやだった」

だが、マツダらが協会設立に動いたことを知ると、真っ先に声をかけた。〇九年三月のことだ。

「防犯パトロールを一緒にやってみないか」

マツダは喜んでそれに応じた。

防犯パトロール当日、マツダは初めてみなの前であいさつした。「これからぜひ、一緒にパトロールをやらせてください」

頭を下げた。

だが、反応は芳しくない。多くの人が不愉快そうな表情を浮かべている。

さらには住民のひとりが怒声を飛ばした。

「いままで何をしてきたんだ。一緒にパトロールをしたいのであれば、ブラジル人全員をここに連れてこい！」

マツダは何も返すことができなかった。ただ、日本人住民との間に走る亀裂を思った。

そこに、藍葉が割って入った。

「日本人だって、全員が参加しているわけじゃない」

これには全員が黙り込むしかなかった。その通りだった。防犯パトロールなどという面倒な作業に協力するのは、日本人住民のなかでも少数派に過ぎなかったのだから。

結局、マツダは仲間入りを認められた。パトロールに参加し、積極的に団地行事に顔を出すようになった。

かつてはブラジル人を白眼視していた藍葉も、いまではブラジル人住民にとって最大の理解者となっている。

〝住民〟として受け入れる

マツダとの交流が進んだころ、藍葉は私にこう告げている。

「知り合ってみればなんてことはなかった。お互い、当たり前の人間だということに気が付きました。ごみの問題に関しても、調べてみれば誤解に基づくものが多かった。治安が悪いというのもウソですよ。外部の人が勝手に流したデマに過ぎません。住民同士の理解が進めば、こんなに住みやすい団地はないですよ」

リーマンショックから一〇年が経過した。多くの人があらたに仕事を見つけた。失業者はほとんどいない。いま、保見団地にはかつてのような殺伐とした雰囲気はない。

マツダはいまでも、地域との交流を重ねている。地域の祭りに参加し、パトロールも続けている。

「まだまだ足りないことだらけ。なかなか思った通りには進まない」

互いが築いた無関心の壁はそう簡単には崩れない。当然だ。日本人住民の高齢化はますます進む。国籍や民族の壁というよりも、世代間のギャップがそこには存在する。たとえ日本人同士であっても、相互理解など困難に決まっている。

それでもマツダはあきらめない。

「ブラジル人が地域の一員だときちんと認められるまでは、相互交流の先頭に立っていたい」

マツダの口調は相変わらず熱かった。

リーマンショックで揺れていた時期、支援物資をかついで走り回っていた佐久間も、やはりいまなおブラジル人のために奔走している。

「失業者があふれたときは、むしろ、みなが注目してくれるんです。しかし、窮状が可視化されなくなったら、また、関心が薄れてしまう。結局、日本社会の中で、ブラジル人も、元の〝ガイジン〟に戻ってしまう。いや、戻らされてしまうのかな」

雇用環境が落ち着くと同時に、多くのボランティア団体が解散した。保見団地が世間の注目を集める機会は減った。

「でも、問題がすべて解決されたわけではないのです。ブラジル人に対する偏見を持った人はまだ多い。失業者が少なくなったといっても、相変わらず不安定雇用の人ばかりでしょう。そうしたことも影響するのか、教育からドロップアウトする子どもも少なくありません。こうしたときだからこそ、一緒に地域を盛り上げていくチャンスとも思えるのですが、相互理解が進んでいるとはいい難《がた》い。無関心の壁は厚いですよ、やはり」

佐久間は、かつて陶器メーカーの社員として海外駐在を長く経験してきた。アジアで、欧州で、「外国人」として過ごしてきた。

「私は確かに外国人でしたが、しかし多くの国では〝住民〟として受け入れてくれました。日本社会に足りないのは、そうした意識ではないのかと思います」

私にとって忘れることのできない風景がある。

保見団地の「派遣村」が開催されているときだった。

会場の片隅には全国から届けられた食料、衣料の段ボール箱が堆《うずたか》く積まれていた。倉庫が用意されているわけではなかった。むきだしのまま、置かれていたのである。

私はそばにいた佐久間に話しかけた。

「ちょっと無防備じゃないですか？　夜中に盗まれたりしませんかねえ」

すると、即座に「別に盗まれてもいっこうにかまわない」と返ってきた。

佐久間は穏やかな表情のままにこう述べた。

「本当に食べ物に困っている人がいるならば、遠慮なく盗んでいってほしいですよ。商店やスーパーで万引きするくらいなら、ここから堂々と持っていってほしい」

そう話しながら、佐久間は段ボール箱をぽんぽんと叩いた。

私は、無防備さに対して犯罪を連想した自分を恥じるしかなかった。

数日後、佐久間にあらためて訊ねた。

「盗んでくれた人はいましたか？」

すると、佐久間は、いかにも残念といった表情を浮かべて、こう告げた。

「それが、誰も盗んでくれなかった」

こうした人が保見団地を守っているのだ。差別と偏見と、そして分断から。

あとがき――団地は、移民のゲートウェイとなる

二つのオリンピックと一棟の団地

永田町《ながたちょう》から渋谷《しぶや》へと至る国道246号の一部に「青山通《あおやま》り」の名称が付けられたのは、一九六二年である。東京オリンピック（一九六四年）の開催に合わせ、道路が拡張されたことがきっかけだった。

ブランドショップや、おしゃれな飲食店が軒を連ねる青山通りは、東京都内でもっとも洗練された街並みを演出している。

そのど真ん中、地下鉄外苑前駅《がいえんまえ》のすぐ近くに、一棟の団地が建っている。

URが管理する北青山三丁目住宅《きたあおやまさんちょうめ》だ。一一階建て、全二五一戸という大型住宅だが、一階部分に入居するハンバーガーショップが街路の風景となじんでいるためか、そこに団地があ

ることに私も最近まで気が付くことはなかった。

いま、この団地の住民が、立ち退きを迫られている。東京都や大手デベロッパーが中心となって進めている北青山一帯の再開発事業によって、隣接する都営住宅とともに、取り壊しが決まったのだ。

二〇二〇年東京オリンピック・パラリンピックの開催に合わせて、一帯がファッション系、IT系のオフィスや店舗が集積した文化・流行のビジネス拠点として整備されるのだという。

同住宅が完成したのは一九六三年、前回の東京オリンピックの前年だった。特徴的なのは、住居の約半数が単身者用であること、しかも女性に限定されていることだ。これらはいずれも六畳ほどの広さの1Kタイプで、室内には風呂《ふろ》もトイレもない。共同利用できるシャワー室とトイレが各階に設置されている。

六〇年代、まだ女性のひとり暮らしは一般的ではなかった。だが、都会で徐々に〝働く女性〟が存在感を増していくなか、地方から上京する女性の住宅事情は特に深刻だった。当時の日本住宅公団は時代の要請を受け、団地の一部を女性単身者専用としたのである。公共住宅ということもあり、女性の側にも安心感を与えた。

団地の完成から五六年が経過し、取り壊しが決まったいまでも、そこに住み続けている人がいる。

私が団地の中を歩き回っているとき、ばったり出会った女性（八五歳）も、そのひとりだった。

櫛《くし》の歯が抜けるように退去者が増えていくなか、彼女は数少ない〝住民〟のひとりである。

薄暗い内廊下を歩きながら、ひんやりとしたコンクリートの感触を確かめているとき、外出先から戻った彼女と鉢合わせた。

――いつから住んでいるんですか？

私の問いに、女性は「ずっと。ここができてから、ずっとよ」と応じた。

――立ち退きを迫られていますよね。

「そうみたいね」

――どうされるんですか？

「どうすればよいのか、私が聞きたい。ここを出て、どこに行けというのか。五〇年以上、この場所で生活してきたんです」

そして女性は私を階段の踊り場に招いた。

踊り場の窓から外を望めば、無造作に段ボール箱を並べたような東京の街並みが広がっていた。

「ほら、あそこ」

女性が指さす方向に、雑居ビルを通り越して、工事中の新国立競技場が見えた。オリンピックの開会式会場となる予定の施設だ。キリンの首を連想させる大型のクレーンがせわしなく作業している。

「私がここに入居したのもオリンピックの直前。そして二度目のオリンピックの直前に、私はここを出て行くことになるの」

寂しそうな声だった。女性も私と一緒に窓の外を凝視している。

「聖火」。女性はぽつりとそう漏らした。聞き返す私に、彼女はこう続けた。

「そう、聖火。ここから見えたのよ、前のオリンピックのとき。このあたり、昔は高い建物がなかったから、ほんと、よく見えたの」

そのときは、踊り場に人があふれていたという。高度と距離において、そこが絶好の観客席であることを、団地住民でもない多くの人が気付いていた。都会の空に炎が浮かぶ。オレンジの火柱が、ゆらゆら揺れる。それが当時の国力だった。成長の狼煙《のろし》だった。北青山の団地住民は、たったひとりで東京に生きる女性たちは、そこに自分たちの姿を重ね合わせた。六畳一間の公団住宅から、社会に飛び出した。

あのときから——女性はずっと同じ場所から東京の空を眺めてきた。

昼はＯＬ、夜は飲み屋で働いた。働き続けることが、時代と格闘することだった。いまもこの場所から動かない理由を、彼女は話さない。私も深くは聞かない、ここから出て行かない、出ては行けない、それなりの事情を抱えているはずだ。

ただ、風景の移ろいだけは、まるで歴史の本を繙《ひもと》くかのように、ていねいに話してくれた。

引っ越してきたばかりのころは、青山通りに都電が走っていた。道の両側には個人商店が連なっていた。いつしかそれらがブランドショップやカフェに建て替えられ、青山は華やかさを増していく。

オリンピックとともに街路が開け、団地がつくられ、あらたなオリンピックによって、団地の歴史は終焉《しゅうえん》を迎える。

それは〝団地の時代〟そのものを表しているようにも思えた。

次のオリンピックが開かれるころ、おそらくこの団地には誰も住んでいないだろう。階段の踊り場から聖火を見る者もいない。

単身女性の暮らしを支えてきた団地は消える。「文化・流行のビジネス拠点」に生まれ変わる。

薄っぺらな東京の風景が、またひとつ増える。

「ディープ」でも何でもない、当たり前の生活の場

〈新しき庶民〝ダンチ族〟〉。こうした見出しの特集記事を『週刊朝日』が掲載したのは一九五八年七月のことだった。

〈このごろふえたアパート群のことを団地といいますが、あのアパート居住者をダンチ族というわけです。
ダンチ族は新しい都会の中堅庶民層です〉

リード文に続き、記事は取材をもとに「ダンチ族」の内実に迫っていく。子どもの教育に熱心で、夫婦そろって見栄《みえ》っ張りで、ハエを嫌う清潔好きで、濃密な人間関係による近所付き合いがあり、競うように電化製品を購入していく――「ダンチ族」の姿がリポートされる。

団地住民は高度経済成長の旗振り役を務めていた。

だが、八ページにも及ぶ特集記事の後半で、わずかに団地が抱える問題に筆先を向けてい

る。

住宅供給という〝国策〟に合わせただけで、さほど交通の便もよくない場所に、何の個性もない画一的な住宅を大量につくり続けている、これは住居というよりも〈むしろ倉庫といった方がいい〉。

流行《はや》りものをさんざん持ちあげた後、最後に冷笑を浴びせて締めくくる週刊誌の作法はいまも昔も変わらない。

しかし、指摘された問題点は的を外してはいない。結局、それが団地の衰退を招くひとつの要因となっていくのだ。

羨望《せんぼう》と冷笑の筆致で「ダンチ族」が話題となってから、六〇年以上が経過した。

無個性な平等主義と濃密な人間関係、そして不便な郊外という環境から、団地は不人気物件となった。若者は団地に寄り付かない。気が付けば団地住民の多くが高齢者となった。

本書で取り上げた常盤平《ときわだいら》団地（千葉県松戸《まつど》市）がその象徴でもあるが、高齢化問題は全国の団地が共通して抱える現象でもある。

前出の記事が指摘したように、団地造成は「国策」だった。とにかく供給戸数を増やせばよいとの号令によって、各地で大規模ニュータウンが開発された。東京の「多摩《たま》ニュータウン」、大阪の「千里《せんり》ニュータウン」を筆頭に、山を切り開いて「画一的」な住宅群が姿を現した。それが大都市圏への人口集中を促す役割も果たした。

けれども、少子高齢化も相まって、これらニュータウンはもはや「オールドタウン」になりつつある。

多くの団地が、いま、たそがれている。

私は本書で取り上げた団地以外にも取材を続けてきたが、ほぼ例外なく、自治会の幹部は七〇代から八〇代の高齢者だった。住民が高齢者ばかりという理由で、かつては団地行事のシンボルともいえた運動会や夏祭りをやめてしまったところも少なくない。住民の孤立化、地域の限界集落化は進む一方だ。

もちろん、そこに危機感を持って、高齢化問題に取り組んでいる団地も少なくはない。「多摩ニュータウン」のように、地域の大学に通う学生向けにシェアハウスプランも用意したところもあれば、本書でも触れたように、子育て世代の家賃を減額している団地もある。高島平《たかしまだいら》団地（東京都板橋《いたばし》区）をはじめ、高齢住民の交流スペースを設置し、コミュニティ機能を維持していこうと取り組む団地もあった。

それでも高齢化は止まらない。同時に建物の老朽化も進んでいる。先に触れた北青山三丁目住宅のように、取り壊しが決まった団地も、全国各地に点在する。

一方、団地から姿を消した若者たちの穴を埋めるように、急増しているのが外国人住民だ。

本書では主に芝園《しばぞの》団地や保見《ほみ》団地の事例を取り上げたが、団地の〝国際化〟もまた、各地で進行している。

よく知られているのが、神奈川県の横浜《よこはま》市と大和《やまと》市の間に広がる県営の「いちょう団地」だ。近くにインドシナ難民の定住促進センターもあったことから、すでに三〇年以上も前から同団地ではインドシナ系住民が増え続けていた。さらには近くの工場で働く外国人なども流入し、いまでは住民の二〇％以上、約二〇か国の国籍を持つ人々が暮らしている。

ネット上では「ディープな場所」として取り上げられていることが多いが、実際に足を運んでみれば「ディープ」でも何でもない、当たり前の生活の場がそこにあるだけだ。

私は、毎年秋におこなわれる「いちょう団地」の団地祭りを楽しみにしている。ベトナム料理をはじめとするエスニック料理の屋台が並び、各国の伝統芸能が披露される。豊かな〝国際色〟こそが、この団地の持ち味だ。

こうした団地も増えてきた。

愛知県内では保見団地以外でも、日系南米人が多く住む団地は珍しくない。

東京や大阪などの大都市圏では中国系住民が増え続けているほか、江戸川《えどがわ》区（東京都）の西葛西《にしかさい》周辺の団地ではインド系住民が急増している。

江戸川区内の団地でインド人が急増したのは、今世紀に入る直前のころだ。きっかけは、コンピューターが誤作動する「二〇〇〇年問題」だった。これに対応するため、ＩＴ関連の技術力が高いことで知られるインドから、技術者が多数来日した。

その際、居住地として人気を集めたのが江戸川区の団地だった。都心に近いという〝地の利〟、さらに、新興住宅地の葛西周辺は、古くからの住民も多くないために、新参者を異端視するような〝しがらみ〟も少なかった。もちろん、外国人を入居差別することのない団地の特性もある。そこに加えて、来日したインド人に同地が好まれる理由がもうひとつあった。付近を流れる荒川《あらかわ》の存在である。ゆったりとした川幅を持って東京湾に注がれる荒川が、ガンジスの風景と重なるというのだ。それが来日インド人の間で話題となり、リトルインディアが形成される大きな理由のひとつとなったといわれる。

外国籍住民は今後も増え続けることだろう。

移民のゲートウェイ

二〇一八年末、在留資格を新設する入管法改正案が臨時国会で成立した。人手不足業種の現場はこれまで実習生や留学生によってまかなわれていたが、それだけでは足りないとして、あらたに「特定技能」なる在留資格を設け、最長一〇年間、単純労働分野における外国人の雇用が可能となったのだ（技能実習生は最長五年）。今後五年間で約三五万人に及ぶ外国人労働者の受け入れが見込まれる。

「これを後押ししたのは経済界。盛んなロビー活動の成果だった」

そう話すのは全国紙の政治部記者だ。

「日本商工会議所をはじめ、人材不足に悩む中小企業を抱える経済団体が官邸を動かした。本来、タカ派色の強い安倍《あべ》内閣は外国人受け入れに消極的だったが、今年春の統一地方選や夏の参院選を控え、経済界の意向を無視することはできなかった」（同）

外形上は、移民受け入れに舵《かじ》を切ったといってもよいだろう。

むろん、政府はけっして「移民」という言葉を使わない。経済界の要請に従い、しぶしぶ「安価な労働力」の受け入れを拡大させただけであり、そこには外国人を社会の構成員として迎え入れるという発想はない。人手不足に対応するための場当たり的な政策だ。

しかし政府の思惑が何であれ、少子化と急激な高齢化が進行する以上、好むと好まざるとにかかわらず、移民は増え続ける。

その際、文字通りの受け皿として機能するのは団地であろう。

そう、団地という存在こそが、移民のゲートウェイとなる。

私はそこに、団地の高齢化問題を解決するひとつの解答が示されているようにも思うのだ。

互いに孤立する高齢者と外国人に、「かけはし」をつないだ芝園団地の事例は本書でも触れた。

摩擦や衝突のその先には、共生に向けた様々な取り組みが見えてくる。

日本社会は移民国家化を避けることができない。いや、すでに日本は事実上の移民国家だ。外国籍住民の人口は、いまや三〇〇万人に迫る。これは名古屋《なごや》市や大阪市の人口を上回る。たそがれていた団地にとって、この存在は救世主となる可能性もある。

いつの時代であっても、地域に変化をもたらすのは〝よそ者〟と〝若者〟だ。

限界集落に新しい住民が増えることで、新しい時間が訪れる。風景も変わる。人々の意識も変わっていく。衝突や軋轢《あつれき》を繰り返しながら、しかし、徐々に人々が結びつきを深めていく。

芝園団地だけではない。各地の団地でニューカマーの外国人が自治会役員に就任するケースも増えてきた。団地は多文化共生の最前線だ。移民国家に向けた壮大な社会実験の場でもある。

住まいは生き物だ。

器は古くとも、注がれる水が新鮮であれば、そこに新たな〝暮らし〟が生まれる。

限界集落化した団地を救うのは外国人の存在かもしれない。

＊

長きにわたって外国人労働者が抱える様々な問題を追いかけてきた私は、当然の如く多国籍化する団地の存在に注目してきた。

その問題意識を一冊の本にまとめてみないか――そう声をかけてくれたのが、本書の編者である岸山《きしやま》征寛《ゆきひろ》氏だった。

業界でも手練《てだ》れとして知られる岸山氏が伴走してくれたことは、私にとって幸せなことだった。多くのアドバイスをもらっただけではなく、彼の熱意がなければ、私は筆を進めることができなかった。心から感謝している。

そしてなによりも、取材に応じてくれた各地の団地住民のみなさまには、あらためてお礼を申し上げたい。言葉を奪い取るような無礼な取材を続けてきたが、それでも多くの方が示唆に富んだ言葉で私に団地の問題点も魅力も伝えてくれた。

団地が抱える問題は日本社会の問題でもある。団地が歩んできた歴史は、戦後という時間そのものでもある。そして現在、団地はあらたな未来を模索している。それはけっして悪いものではない。ささやかな希望の光が私には見えている。

教えてくれたのは、団地住民のみなさんだ。
ありがとうございました。

二〇一九年二月末日

安田《やすだ》　浩一《こういち》

新書版あとがき――差別を撃ち返す言葉の銃弾

「オレら、経験したことだけを歌にしている」

浜松市《はままつ》（静岡県）のクラブ――日系ペルー人のＡＣＨＡ（二三歳）は、楽屋の中で険しい表情を浮かべていた。試合前のスポーツ選手のように両手を前で組み、じっと正面を見据えている。

深夜二時。フロアの照明が落とされた。いよいよ出番だ。ＡＣＨＡが腰を上げる。私の顔にちらと視線を投げ、親指を立てた。彼を先頭に、メンバー全員が跳ねるように楽屋を後にした。

ステージに躍り出たのは、六人組のラップグループ「ＧＲＥＥＮ ＫＩＤＳ」だ。ブラジル人四人、ペルー人と日本人が一人ずつの多国籍チームである。二〇一五年に初ライブをおこなって以来、地元静岡県での人気は急上昇。メンバーが一斉に声をフロアに叩《たた》きつけるような迫力のパフォーマンスや、それぞれの個性を生かしたマイクリレー、そしていかついギャングスタイルは、瞬く間に日本のヒップホップシーンでも注目を集めるようになった。

ＤＪ ＰＩＧ（二五歳）がターンテーブルに指を落とす。大音量が響く。総立ちの観客が歓声で応《こた》える。人波が大きく揺れた。膨らみすぎた風船が破裂したように、熱気が、興奮が、弾《はじ》けた。

一曲目の「Ｅｓｃａｐｅ」。

〈妬《ねた》み、嫉妬《しっと》、数えきれんほど喰《く》らった／ガイジンだから差別も味わった／路上の空き缶蹴飛《けと》ばした／オレの手札はブラジルとニンジャ〉

上半身を激しく揺らしながら激しく言葉を刻む。この歌にこそ彼らの世界観が反映されている。人気を集めているもう一つの理由が、移民としての生き様をそのままに物語ったリリック（歌詞）のセンスだ。

「ラップうまいヤツらって、たくさんいますよね。でも、何も残らん」

開演前、楽屋でそう語ったのは日系ブラジル人のＦｌｉｇｈｔ-Ａ（二一歳）だった。

「オレら、経験したことだけを歌にしている。言葉遊びだけしているヤツらとは違う」

ステージの上から彼らの「経験」が、言葉の銃弾となって客席に撃ち込まれる。

腕組みをしながら、じっとステージを見つめていたのは、ライブ主催者で、イベントオーガナイザーのT‐42（三四歳）だった。彼はGREEN KIDSを「主張がある。あるべきラッパーの姿」だと評した。

「日本社会に生きる外国人ならではの叫びが胸に突き刺さる」

この日のライブを締めくくったのは代表曲「E．N．T」だ。

〈始まりはこの団地だ／East New Town／オレ様はここで育った〉
〈ボロボロの団地でオリジナルを学んできたぜ／お腹空《す》いて万引きなんて／そんなの日常〉

それこそがGREEN KIDSの「経験」だった。団地から彼らの歌が生まれた。East New Town――彼らのホームタウン、磐田市《いわた》（静岡県）郊外の東新町《とうしんちょう》団地でGREEN KIDSの物語は始まる。

〝団地の子〟は誇りの言葉へ変わった

磐田市は日本有数の工業都市だ。ヤマハ、スズキをはじめ、日本屈指の大メーカーがこの地に生産拠点を置く。いまの日本にあって、それは「移民の街」であることをも意味する。

同市で日系人集住地域として知られるのが、市の南部に位置する東新町団地だ。中心部から離れ、工場群を抜けた先、田畑が広がる一帯に、くすんだ色をした五階建ての居住棟が整然と並ぶ。URと県営からなる全四五〇戸の団地は、七〇年代から開発が進められた。かつて居住者の多くは近隣の工場労働者とその家族だったが、九〇年代から外国人世帯が増え続けた。いま、居住者の半数はブラジルやペルーから来た日系人である。

私はここで、彼らと会った。

「最近は落ち着いた雰囲気がするけど、以前はもっと殺伐としてましたね」

私と一緒に団地内を歩きながら、Flight-Aが周囲を指さして説明する。

「以前はスラムって呼ばれてたんですよ。ガイジンばかりだっからじゃないですかね」

これに対し、「まあ、実際、ひどかったけどね」と言葉を引き継いだのは、Flight-Aの双子の兄弟Swag-A(二一歳)だ。

「殴り合いのケンカしてるヤツがあちこちにいた。ヤバい薬をキメてるヤツも少なくなかった。パトカーが団地内を走り回って、目の前で手錠をハメられた先輩もいましたね」

双子の両親がブラジルから来日したのは九五年。ブラジルで家を建てるための資金を貯めようと磐田市内の工場で働いた。どうにか貯金もできたころ、すでに双子は日本での生活になじんでいた。子どもたちの将来を思い、両親は日本で定住する道を選んだ。

だが、双子の兄弟がなじんでいたのは、けっして「日本社会」でも「学校生活」でもなかった。彼らが溶け込んでいたのは、あくまでも「東新町団地」の外国人コミュニティである。

「学校なんてね、クソひでー思い出しかないっすよ」と、Ｓｗａｇ‐Ａが自嘲《じちょう》しながら振り返る。

そもそも初《しょ》っ端《ぱな》から躓《つまず》いた。小学校の入学式。新入生は体育館で全校生徒を前にして自己紹介をすることになっていた。壇上で、双子の名前が紹介された。しかし双子は当時、ともに日本語が不自由だった。ポルトガル語しか話すことができない両親と暮らしているからだ。二人はただうつむいて体を固くするしかなかった。言葉がまるで出てこない。

「恥ずかしくてね。皆の前で二人してわんわん泣いちゃった。みっともないっすよね」

全身にタトゥーを彫ったコワモテの双子も、そのころはマジョリティの日本人に脅《おび》える「ガイジンの子」でしかなかった。学校の先生も「ガイジンの子」を日本語も生活能力も不自由なものとして差別した。

「ジャマ者扱いって感じっすね。悪いことは全部、オレらのせいにされた」（Ｆｌｉｇｈｔ‐Ａ）

疎外感を味わった人間は、同じ境遇の仲間を求める。いつのまにか、学校に順応できない子どもたちとツルむようになった。前出のＤＪ ＰＩＧとＡＣＨＡ、日系ブラジル人のＢＡＲＣＯ（二一歳）、そして唯一の日本人であるＣｒａｚｙ‐Ｋ（二一歳）。寂しさを紛らわせ、互いを慰め、ともに悪さするために集まったこの六人が、後にＧＲＥＥＮ ＫＩＤＳとなる。

「中学生の頃、こいつらから『一緒に遊ばん？』と声をかけられた。自分の親からは、絶対一緒に遊ぶなと言われていたのが、まさにこのメンバー。あの場面で誘いに応じたことで人生変わった（笑）」とＢＡＲＣＯは述懐する。

「やってはいけないと親に言われていたことは、たいがい手を出した」

隣町に住んでいたＣｒａｚｙ‐Ｋ以外は、みな同じ小中学校に通った。いや、正確には所属していただけだった。学校に出かけたふりをして、団地の中庭でサッカーをすることが多かった。腹が減ったら菓子やパンを万引きし、団地裏の倉庫で隠れて食った。

「ほかにすることがなかった」とＡＣＨＡも言う。いまはＧＲＥＥＮ ＫＩＤＳのリーダーとしてメンバーをまとめる彼も、小学校の時に「ガイジン」だと同級生からイジメられた経験を持つ。

「とにかく、何をしてよいのか、何をしてはいけないのか、まるでわからない。時間を持て余していました。おまけにカネもない」

フトコロに余裕のある者などいなかった。彼らの両親は多くが派遣や請負契約の非正規労働者だ。昔も今も、外国人は雇用の調整弁として〝利用〟される。日本経済が少しでも傾けば、真っ先にしわ寄せがいくのが外国人労働者という存在だ。だからこそ「リーマンショックの時が一番つらかった」と彼らは口をそろえる。団地は失業者であふれた。

それにしても当時、彼らは小学生である。その柔らかい頭に焼き付いたリーマンショックの記憶がスラスラと語られることに、私は衝撃を受けた。おそらく、たんなる記憶ではない。彼らにってそれは、痛みを伴った経験としてからだに刻印された。

「正直、あのときは団地という環境を憎んでいた」とＦｌｉｇｈｔ-Ａは話す。

「どうせオレらは社会の除《の》け者だって思うしかなかった。なんでこんなところに住んでなくちゃならねえのかって。希望なんて見えるはずもない」

しかし――絶望の淵《ふち》を滑降するような日々を繰り返すなかで、転機が訪れる。それがラップとの出会いだった。

彼らはひまつぶしに観ていたユーチューブでラップを〝発見〟した。

「なんだこれ？　オレらにもできるんじゃね？　そんな軽いノリで、ラップの真似事をして遊ぶようになったんです」（BARCO）

みなで歌詞を考え、団地の集会所前で練習した。ジュースの自動販売機のコンセントを引っこ抜き、スピーカーを設置した。

「団地って環境だからこそ、次から次へとフレーズが浮かんできた」とACHAは言う。

貧困。差別。イジメ。疎外感。盗み。警察との攻防。過去を掘り起こしていくうちに、いつしか団地への愛情まで生まれてきたという。団地を「憎んでいた」はずだったFlight-Aも「むしろここで生まれ育ったことが貴重な財産だと思えてきた」という。

「ラップに導いてくれたから。それに仲間と巡り会うことができた。いまじゃ、こいつらみんなファミリー。だから胸張って言いますよ。オレらみんな、東新町の子だって」

いつしか彼らはGREEN KIDSと名乗るようになった。団地の周囲に広がる農村風景をイメージしたのだという。

ラッパーとしての彼らの実力を見出したのは、愛知県豊田《とよた》市の保見《ほみ》団地に住むブラジル人ラッパー、Playsson（二二歳）だった。GREEN KIDSが動画サイトにアップしたパフォーマンスに「同じブラジル人、同じ団地住まいであることに関心を持って」、一緒にライブをしないかと誘った。そのころ、Playssonはすでに東海地方では名の知れ渡ったラッパーだった。そんな大先輩に声をかけられて嬉《うれ》しくないわけがない。GREEN KIDSにとっての初ライブ。彼らはブラジル人学校で働く知人を口説いて、家族もろともスクールバスに乗ってライブ会場の豊田までやってきたという。
「笑っちゃいましたよ。まさかあんなに大勢で、しかもスクールバスでここまで来るとは思わなかった」（Ｐｌａｙｓｓｏｎ）
ライブは大成功だった。これをきっかけにGREEN KIDSは知名度を上げていく。
「オレも保見団地で育った経験がラッパーとしての原動力になってる。団地には社会の矛盾が詰まってますからね。たぶん、あいつら（GREEN KIDS）も同じだと思いますよ。どこに行こうが、どこに住もうが、ヤツらも〝団地の子〟ですよ」（Ｐｌａｙｓｓｏｎ）

証

東新町団地の公園で、Ｓｗａｇ‐Ａは上半身裸となってタトゥーを見せてくれた。胸には「GREEN KIDS familia」、右腕には磐田の市外局番「０５３８」、そして左手の甲には東新町を意味する「ＥＮＴ」の文字が彫られていた。

「この団地を、ここにいる仲間を忘れないためですよ。オレら、いつかはもっとビッグになりたいと思っている。でも、いつまでも東新町の子であることに変わりはない」

そう、彼らが歌うように「始まりはこの団地だ」なのだ。

ギャングスタイルでキメるGREEN KIDSのメンバーも、全員が普段は自動車やバイクの工場で働く非正規の労働者だ。双子の兄弟は同じ工場の同じラインで、連日、早朝から夕方まで汗を流す。ときにメディアで取り上げられ、テレビのオーディション番組でファイナルステージまで勝ち進んだ彼らも、まだ音楽だけでメシが食える状況にはない。ライブの収益金はすべてミュージックビデオの制作などに消えていく。

「だからこそ、もっと飛びたい」。Ｆｌｉｇｈｔ－Ａはそう言って胸に描かれた鳥の羽を指さす。

「デカくなって、いつか、この団地にカネをばらまいてみたい」

〝団地の子〟は大きな夢を描く。

＊

本書で何度も繰り返したように、団地は日本社会の顔だ。時代とともに表情も変わる。本書の親本（単行本）が刊行されてから三年が経過したが、移民のゲートウェイとして、団地の持つ役割はますます大きくなった。単なる外国人集住地域ではなく、文化の発信地としても注目されている。たとえば本書でも取り上げた芝園《しばぞの》団地（埼玉県川口《かわぐち》市）の自治会は、多文化共生の試みが評価され、二〇二二年一月に「第12回地域再生大賞」の優秀賞に選ばれた。団地は移民とともに、これからもさらに新しい社会をつくりあげていくに違いない。

新書版の発行に当たっては、私が二〇二〇年に「Yahoo!ニュース」で取材したラップグループGREEN KIDSについて加筆した。コロナ禍という厳しい状況のなか、彼らはいまでも地道にライブ活動を続けている。「団地の子」は健在だ。

あらためて本書で取材に協力してくれた皆さまにお礼を伝えたい。

なお、新書版においても敬称は略させていただき、所属、肩書も特に注釈のない限り、取材時のままとした。

主要参考文献

小田中直樹『フランス現代史』岩波新書、二〇一八年
ガタロ『清掃の具　素描集』けいすい汎書、二〇一一年
30周年記念誌編集委員編『金子田んぼがあったとき〜神代団地30周年記念誌』神代団地自治会、一九九五年
寺脇研『ロマンポルノの時代』光文社新書、二〇一二年
常盤平団地自治会編『常盤平団地40周年記念写真集　常盤平団地40年の歩み』常盤平団地40周年記念事業実行委員会、二〇〇〇年
日本住宅公団20年史刊行委員会編『日本住宅公団史』日本住宅公団、一九八一年
原武史『団地の空間政治学』NHKブックス、二〇一二年
基町地区再開発促進協議会編『基町地区再開発事業記念誌』広島県都市部住宅課、広島市都市計画局建築部住宅庶務課、一九七九年
森千香子『排除と抵抗の郊外　フランス〈移民〉集住地域の形成と変容』東京大学出版会、二〇一六年
安田浩一『ルポ　差別と貧困の外国人労働者』光文社新書、二〇一〇年
他、朝日新聞、読売新聞、共同通信、毎日新聞、「週刊朝日」、「週刊新潮」を参照した。

章扉デザイン　原田郁麻
写真　安田浩一
（一部除く）

本書は二〇一九年三月に小社より刊行した単行本を加筆修正したものです。
本文中に登場する方々の肩書きや年齢は、いずれも取材時のものです。

安田浩一（やすだ・こういち）
1964年生まれ。静岡県出身。「週刊宝石」「サンデー毎日」記者を経て2001年よりフリーに。事件・社会問題を主なテーマに執筆活動を続ける。ヘイトスピーチの問題について警鐘を鳴らした『ネットと愛国』（講談社）で12年、第34回講談社ノンフィクション賞を受賞。15年、「ルポ 外国人『隷属』労働者」（「G2」vol.17）で第46回大宅壮一ノンフィクション賞雑誌部門受賞。著書に『「右翼」の戦後史』（講談社現代新書）、『ルポ 差別と貧困の外国人労働者』（光文社新書）、『ヘイトスピーチ』（文春新書）、『沖縄の新聞は本当に「偏向」しているのか』（朝日文庫）、『学校では教えてくれない差別と排除の話』（皓星社）、『戦争とバスタオル』（金井真紀との共著、亜紀書房）など多数。

団地《だんち》と移民《いみん》

課題最先端《かだいさいせんたん》「空間《くうかん》」の闘《たたか》い

安田浩一《やすだこういち》

2022年 4 月 10 日　初版発行
2024年 10 月 25 日　3版発行

◆◇◇

発行者　山下直久
発　行　株式会社KADOKAWA
〒102-8177　東京都千代田区富士見 2-13-3
電話　0570-002-301（ナビダイヤル）

装 丁 者　緒方修一（ラーフイン・ワークショップ）
ロゴデザイン　good design company
オビデザイン　Zapp!　白金正之
印 刷 所　株式会社KADOKAWA
製 本 所　株式会社KADOKAWA

角川新書

ISBN978-4-04-082409-3 C0295